公路水路运输量

统计调查理论与实践创新

陈建华/王屾/秦芬芬　编著

GONG LU　SHUI LU
YUN SHU LIANG
TONG JI DIAO CHA LI LUN
YU SHI JIAN CHUANG XIN

经济管理出版社
ECONOMY & MANAGEMENT PUBLISHING HOUSE

图书在版编目（CIP）数据

公路水路运输量统计调查理论与实践创新/陈建华，王屾，秦芬芬编著 . —北京：经济管理
出版社，2022.4
ISBN 978-7-5096-8400-9

Ⅰ . ①公⋯　　Ⅱ . ①陈⋯　②王⋯　③秦⋯　Ⅲ . ①公路运输—运输量—统计调查—中国　②水
路运输—运输量—统计调查—中国　Ⅳ . ①F542.1　②F552.1

中国版本图书馆 CIP 数据核字（2022）第 062705 号

组稿编辑：张馨予
责任编辑：张馨予
责任印制：张莉琼
责任校对：王淑卿

出版发行：经济管理出版社
　　　　　（北京市海淀区北蜂窝 8 号中雅大厦 A 座 11 层　100038）
网　　　址：www.E-mp.com.cn
电　　　话：（010）51915602
印　　　刷：唐山玺诚印务有限公司
经　　　销：新华书店
开　　　本：720mm×1000mm/16
印　　　张：13
字　　　数：233 千字
版　　　次：2022 年 6 月第 1 版　　2022 年 6 月第 1 次印刷
书　　　号：ISBN 978-7-5096-8400-9
定　　　价：98.00 元

编写组名单

主　　编：陈建华　王　屾　秦芬芬

副 主 编：胡希元　于丹阳　林成功　夏　晶

编写顾问：毛　健　郑文英　王广民　余高潮

　　　　　尚赞娣　刘　方

编 写 组：董　静　段　新　武　丽　隋丽娜

　　　　　李贺华　赵倩阳　赵茜楠　王望雄

　　　　　宋晓丽　张皖杉　王　哲　张敖木翰

　　　　　周梦婕　武瑞利　叶劲松　徐瑞光

　　　　　吕　阳　黄晓凡　齐亚丽

目　录

第三篇　实践篇

第四篇　国际篇

第五篇　探索篇

第一篇

基础篇

第一章 运输量统计基础

第一节 运输量的基本内涵

运输量是指在一定时期内运送的旅客和货物的数量，是反映运输生产情况的实物量指标，包括运量和周转量两个指标。其中，运量是指在一定时期内运输工具实际运送的旅客（货物）数量，分为客运量和货运量。计量单位分别是"人"和"吨"。周转量是指在一定时期内运输工具实际运送的旅客（货物）数量与其相应运输距离的乘积。从表征意义上看，周转量既考虑运输的旅客（货物）的数量，又反映运输距离，属于综合性指标。

运输量统计经历了从企业统计—工具统计—业户统计的演进历程，特别是"十三五"以来，交通运输部加快推进基于经营业户的分类统计方法。2020年11月，交通运输部正式印发通知，明确要进一步推进完善运输量统计方法，全面推广基于经营业户调查的运输量统计新体系。其统计应遵循以下六点基本原则：

（1）仍然采用行业办证许可的范围进行统计，所有依法取得道路运输经营许可证的经营业户均纳入运输量统计，与业户的主营业务类别无关。

（2）公路运输量统计按照经营权原则进行统计，业户需填报实际经营的自有船舶以及有经营调度权的租入（包括光租、期租）船舶产生的运输量，但对于租赁给港、澳、台及境外公司经营的船舶，仍由出租方负责填报。

（3）按到达量进行统计，即在报告期内已经运达的运输单据所记载的目的地的货物或旅客，才可统计为该报告期的运输量。

（4）按实际量进行统计，即旅客按实际人数、货物按实际重量进行统计。

（5）计算周转量的里程按旅客（货物）实际运送里程统计。

（6）在港、站、场等区域内，或为装卸而进行的运送距离不足 1 千米的搬运量和倒载、转堆等作业量，均不统计为运输量。

第二节　运输量统计的意义和作用

运输量是反映交通运输生产成果的综合性、基础性指标，也是交通运输统计的核心指标。统计运输量的意义主要体现在以下四个方面：

1. 为行业管理部门掌握交通运输发展状况，制定行业发展规划和安排投资计划等提供基础支撑数据

运输系统是一个复杂的体系，既包括反映运输供给水平的运输所必需的基础设施、运输装备、运输市场、主体构成等，又包括反映运输生产需求的运输量等。交通运输主管部门的管理职责中最为重要的一项就是要制定和实施科学合理的行业发展规划，促进运输需求和运输供给实现有效平衡，从而保证运输系统实现良性可持续发展。

运输量是反映运输需求的综合性、基础性指标，运输量既能反映需求及其实现程度，同时也能体现出交通基础设施建设的直接效果。行业主管部门在开展五年交通规划或者安排年度投资计划时，需要详细掌握和了解规划范围的运输需求，包括运输总量规模、运输流量流向分布等，这些信息都是各级行业主管部门开展规划或者安排年度计划项目时需要参考的基础决策数据。在资源有限的情况下，依托运输量统计数据，可支撑各级行业主管部门切实把握区域运输需求，合理安排建设项目投资计划，确保财政资金投入综合效益最大化。

2. 为行业管理部门合理制定产业政策提供支撑，辅助行业管理部门监督评价运输政策实施效果

制定合理科学的产业政策，调节运输行业发展，是政府指导行业发展的重要职责之一。宏观经济发展步入增速调档、结构调整、动能转换的新时代以后，交通运输行业发展的外部环境和内在规律也在不断发生变化。特别是随着交通强国建设的全面推进，交通运输行业政策制定必须更具针对性和前瞻性，这些都有赖于有科学合理的产业政策的支撑，而政策的制定必须有相应的数据支撑。

就客运行业而言，如何推动基本公共服务均等化、推动农村客运发展、推动

邮轮运输等新型运输服务产业的发展，需要政府主管部门对客运市场发展需求、发展动向有明确的了解和掌握。对货物运输行业而言，如何推进货运行业实现集约化发展，如何在行业内推广多式联运、甩挂运输等先进运输组织方式，都需要全面掌握目前货运市场需求和供给端的发展状况，从数字中探寻发展规律和制约因素，从而为制定和优化产业政策提供坚实的依据。

3. 支撑国家宏观经济部门衡量和评价国民经济发展增速

运输是沟通生产、消费的关键环节，从属并服务于经济社会系统，且在经济社会发展中发挥着重要的支撑和保障作用。运输与经济的高度关联，在数据层面最为直接的体现就是货物运输量统计数据跟地区生产总值（GDP）统计数据之间高度相关，众多学者均开展了相关研究，研究结果表明货运量与GDP之间具有长期稳定的均衡关系，货物运输量跟工业增加值等其他宏观经济的指标也高度相关。

正是由于运输量统计数据，特别是道路货物运输量统计数据与国民经济发展密切相关，长期以来，国家统计局也一直将道路货物运输周转量作为评估GDP核算结果的重要指标，特别是在季度GDP核算时，在其他辅助数据资源有限的情况下，货物运输量统计数据成为核算季度GDP的关键指标。2019年12月，在国家统计局印发的《地区生产总值统一核算实施方案》中，再次明确将交通运输方式的货物周转量和增长速度、旅客周转量和增长速度作为地区生产总值核算用的重要基础数据。特别是在核算交通运输行业增加值的时候，季度核算时会直接运用运输周转量的增速来核算行业增加值。

4. 支撑国家碳达峰、地区产业结构调整等相关评估工作

运输量统计数据作为表征行业发展效果和运输生产成果的综合性指标，经常会被用于各种针对行业的考核测评工作当中。比较典型的是在节能减排领域，针对交通运输行业，主要关注的行业能耗指标除了总量指标外，强度指标也是考核关注的重点指标。交通运输能耗强度指标又可以分成百公里耗能和百吨公里耗能，其中的百吨公里耗能就需要利用运输量统计数据。

除能耗强度考核测评以外，在评估某个地区交通运输发展时，也会关注运输量指标。包括在评估区域经济发展水平和工业化程度时，经常也会用到经济运输强度指标，就是考量某个地区单位GDP产生的运输量。在考量某个地区路网承载和路网联通功能的时候，也会经常用到类似于单位里程承载运输量等指标。总体来看，运输量指标作为表征交通运输生产成果的重要指标，无论是在评估交通运输行业本身还是在评估行业贯彻落实国家战略情况等方面，均有较广泛的应用场景和应用需求。

第三节　行业管理与运输量统计

统计是管理的延伸，行业管理方式、管理范围的调整也直接影响统计内容和统计方法的选择，对于运输量统计更是如此。从大的经济体制变革来看，计划经济时代因为政府部门对行业内企业生产经营是高度管制的，所以当时的运输量统计采用的是面向企业的全面统计。20 世纪 80 年代，运输市场逐步放开后，运输行业市场迅速繁荣，大量的个体经营业户进入市场。在这种情况下，已经不太可能实现针对业户的全面统计方法了，基于运输工具的运输量抽样调查就开始应运而生了。总体来看，运输量统计与国家宏观经济体制改革进程相关，与行业管理工作更是密不可分。

1. 道路运输经营许可

按照现行道路运输管理规定，道路运输经营采用许可制。无论是从事客运经营还是从事货运经营的业户，均需要向相应的交通运输主管部门提供所需证明材料，申请道路运输经营许可证和投入运营车辆的道路运输证。不同的是，2004年 4 月公布、7 月 1 日起施行的《中华人民共和国道路运输条例》中规定，道路运输经营者应当持道路运输经营许可证依法向工商行政管理机关办理有关登记手续。而在 2022 年修订的《中华人民共和国道路运输条例》中明确提出道路运输经营者在依法向市场监督管理部门办理有关登记手续后再向交通运输主管部门申请运输经营许可。也就是说，道路运输经营许可的办理从工商登记注册的前置条件改为后置了。从道路运输条例的管理要求来看，原则上从事道路运输经营活动的业户必须办理道路运输经营许可证，投入运营的车辆需要办理道路运输证。

近年来，除运输经营许可从前置条件改为后置条件外，运输经营许可的范围也在不断调整。比较重要的是，2018 年交通运输部以交办运函〔2018〕2052 号文，正式印发了《交通运输部办公厅关于取消总质量 4.5 吨及以下普通货运车辆道路运输证和驾驶员从业资格证的通知》，该通知中明确自 2019 年 1 月 1 日起，各地交通运输管理部门不再为总质量 4.5 吨及以下普通货运车辆配发道路运输证。对于总质量 4.5 吨及以下普通货运车辆从事普通货物运输活动的，各地交通运输管理部门不得对该类车辆、驾驶员以"无证经营"和"未取得相应从业资格证件，驾驶道路客货运输车辆"为由实施行政处罚。按照运输量统计的基本规则和口径，严格来说，不再办理道路运输证的车辆理论上就不应该纳入运输量统计的范围。特别是基于运输工具统计的话，原来用于推算的运政库中车辆总框就不会再包括总质量4.5吨以下的普通货运车辆了，因而从统计推算的角度来讲，就不再具备推算包括4.5吨车辆的基础。因此，理论上来讲，2019年以后，基于运输工具的运输量统计就不再包括4.5吨以下普通货物运输车辆完成的运输量。2019年交通运输部开展的全国道路货物运输量专项调查中也明确提出调查范围已经不再办理运输证的4.5吨以下普通货运车辆。

2. 道路运输经营活动的营业性与非营业性

从行业管理的角度来看，道路运输管理的对象并非是所有道路运输活动，而是"道路运输经营活动"。2004年发布的《中华人民共和国道路运输条例》，是目前道路运输管理领域最高效力的法律规范，条例明确把除非经营性道路危险货物运输以外的非经营性道路运输排除在交通运输管理部门的管理之外。但2004年的《中华人民共和国道路运输条例》中并没有明确如何区分"经营性道路运输"和"非经营性道路运输"，包括原交通部发布的《公路运输管理暂行条例》等一系列规章也没有把经营性道路运输活动和非经营性道路运输活动说清楚。由于对"经营性"道路运输界定比较模糊，导致地方各级交通运输管理部门在具体执法管理操作过程中无法精准掌握尺度，标准不一。受此影响，不少并不专门从事经营性运输业务的单位，也会办理业户运输经营许可证和车辆的道路运输证。

从运输量统计的实际操作和历史延续来看，我国长期采用的是基于运输工具来统计运输量，在进行抽样时，采用的抽样框是道路运政管理信息系统中办证车辆库。因此，从这种意义上来看，目前行业所统计的"营业性运输量"实质是指办理过道路运输证的运输车辆，依法从事生产经营活动所完成的运输量，并不是严格意义上的经营性运输活动所产生的运输量。基于业户的统计体系来看，运输量统计也存在类似的问题。部分具有道路运输经营许可证的企业报送运输量也并非完全都是经营性运输生产活动产生的运输量。

2022年3月29日，中华人民共和国国务院令第752号对《中华人民共和国道路运输条例》的部分条款予以修改，自2022年5月1日起施行，从修改要点来看，本次修改的条款主要是对主责交通运输主管部门权限等内容进行了明确，但对于道路运输经营活动并没有作出明确的解释和界定，对于什么性质的运输生产活动属于道路运输经营行为或者应该纳入经营性运输量统计，还需要进一步研究和具体分析。

3. 水路运输经营许可

与道路运输经营类似，水路运输也采用的是许可制。海洋运输因其特殊性，对经营许可的控制管理相对更加严格。国际海上运输经营活动以及与国际海上运输相关的辅助性经营活动都必须取得相应的行政许可，具体包括，国际船舶运输、国际船舶代理、国际船舶管理、国际海运货物装卸、国际海运货物仓储、国际海运集装箱站和堆场等业务。以申请经营国际船舶运输业务为例，企业应当具备以下条件：具备企业法人资格，有与经营国际海上运输业务相适应的船舶（其中必须有中国籍船舶），投入运营的船舶符合海上交通安全技术标准，有提单、客票或者多式联运单证，有具备从业资格的高级业务管理人员。

与海洋运输相比，内河运输对于业户资质的管理要求相对宽松一些。20 世纪，内河运输个体经营业户也较为普遍，是内河运输的一支重要力量，为我国内河运输业的发展做出了巨大贡献。但从 2002 年开始，交通运输部就明确不再支持内河客运个体经营业户发展，要求个体运输船舶经营户抓紧时间实现企业化经营。2014 年交通运输部发布《国内水路运输管理规定》，并于 2015 年、2016 年、2020 年进行了三次修订。其中对水路运输经营业户的资质均作了明确规定。按照最新版的《国内水路运输管理规定》的要求，除个人申请经营内河普通货物运输业务之外，申请客运等其他业务的均需要具备企业法人资格。因此，从行业管理的要求来看，内河客运业务经营业户原则上只有法人企业，推动基于企业统计的内河旅客运输量统计具备较好的基础，这也是当前交通运输部推进运输量统计改革的主导思路。

随着行业管理重点和管理方式的变化，运输量统计的口径和范围、统计方法可能还会相应地跟着产生变化。在实际工作过程中，对于这种因为管理变化带来的运输量统计口径和统计方法变化带来的数据衔接问题需要引起足够的关注。

第二章 运输量统计方法沿革

我国公路水路运输量统计工作经历了从企业调查—工具调查—业户调查的演变，总体来看可以分为四个阶段：基于经营企业统计的全面调查、基于运输工具统计的定期抽样调查、基于运输工具的周期性专项调查+波动系数推算、基于运输经营业户的分类统计。从调查对象和流程方法来看，第一阶段和第四阶段可以认为是基于业户的调查，调查对象是从事运输经营业务的经营业户。第二、第三阶段则是基于运输工具的调查，调查对象是单车、单船。"十三五"规划以来，交通运输部一直在积极推动基于行政业务记录数据转化的运输量统计方法创新，但从目前进展来看，尚未形成能够在全国推广应用的成熟方法。

第一阶段：基于经营企业统计的全面调查。

在中华人民共和国成立初期，由于我国实行集中的计划经济体制，从事公路运输的仅是交通部门内的国有运输企业，没有私人及城乡个体（联户）运输车辆。运输生产活动采用统一的"运单"进行管理，因此采用全面调查方法，通过执行统一的统计报表制度，从各运输企业可以准确地获得公路运输量统计数据。

第二阶段：基于运输工具统计的定期抽样调查。

我国公路、水路运输市场20世纪80年代初向社会开放，长期以来交通部门独家经营的封闭式运输管理体制被打破，形成了多形式、多层次、多渠道的运输经济新格局。为适应运输市场的变化，1984年起，各级交通部门转变职能，变部门管理为行业管理，把主要精力用到制定规划、政策、法规，组织协调和监督服务上来。但此时的公路、水路运输统计由于仍沿用传统的全面报表制度，所以仅能对交通部门内的运输工具所完成的运输情况进行统计，从而出现了运输统计资料不全面，不能完全反映公路、水路运输全行业真实生产情况。同时，交通部门所属专业运输企业的管理方式逐渐发生变化，开始实行单车经营承包方式，从而使原来以"运单"为基础的全面统计报表制度失去了基础，已不能满足全行业统计的需要。为此，从 20 世纪 80 年代中期开始，交通运输部在国家统计局的支持下，开始进行统计制度改革的探索，经过"七五"和"八五"期间十多项相关课题的研究，逐步建立起以抽样调查方法为核心的公路、水路运输全行业统计调查方法。

1992 年原交通部与国家统计局联合颁发了《关于进一步建立健全公路、水路运输全行业统计工作的通知》和《公路、水路运输全行业统计工作规定》（第 36 号令），明确规定由原交通部负责公路、水路运输全行业统计工作，使原交通部的统计职能由交通部门扩展到全行业。与此同时，原交通部采用抽样调查方法对全行业公路、水路运输量统计的方法进行了研究。1998 年原交通部下发了《公路运输定期抽样调查方案（试行）》以及《公路运输分月抽样调查方案（试行）》，供各省开展试点调查。在 1999 年试点后，对抽样调查方法进行推广，2001 年将其纳入各级交通统计部门的正常工作制度，确立了针对全行业公路运输量的统计，采用以行业运输管理部门所建立的总体车辆、船舶数据库为基础的全行业公路水路运输量定期抽样调查方法体系。

公路运输定期抽样调查阶段所采用的做法是，由交通运输部下发统一的方案，各省自行组织开展，但为了保证数据推算结果质量，交通运输部统一开发了抽样调查软件系统供各省使用。按方案要求，各省应每半年开展一次为期一个月的抽样调查工作，抽样调查的范围包括营业性和非营业性的运输，抽样单元是车辆，根据车辆填写的调查期内的运输信息来推算调查月的总运输量。由于报告期为半年，则报告期内其他未开展调查的月份需采用波动系数法进行推算，推算的依据则是调查月数据和日常交通部门直属企业的月度运输统计报表。公路运输除了采用定期抽样调查方法，原交通部还组织相关人员研究了另外一套分月抽样调查方案，同样是由部级统一制定方案，日常实施是由各省自行组织。方案调查周期仍为半年，但与定期抽样调查方案不同的是，每个月均需开展抽样调查，其中一个月为大样本调查月，其余五个月为小样本调查月，并且为了提高小样本月的调查精度，采用了拼配样本的方法进行抽样。

在此阶段，水路运输量开始采用基于船舶库的抽样调查方法，但在具体操作时，各省普遍反映该方案的实施困难较大，操作性不强，不少省份在执行一至两轮抽样调查后被迫暂停下来，其主要原因是由于当时水路运输管理并未理顺，并且船舶流动性强、运输周期长，所以导致随机抽取的样本船舶在调查时经常无法找到，部分省份寻找不到的样本船舶比例达 70% ~ 80%。因此，又组织研究基于港监站点的抽样调查方法，其核心思想是采用二阶抽样方法，以海事部门建立的港航监督所为一阶抽样框，以日历天数为二阶抽样框，然后针对站点的进出港船舶进行调查，进而推算出运输量总量。该项抽样方案进行了试点调查，并取得了良好效果。

第三阶段：基于运输工具的周期性专项调查+波动系数推算。

抽样调查运输量统计技术方法体系经过一段时间的运行，产生了一些突出问题：运输量数据存在比较严重的低估，部分地区依托一些研究发现运输量出现了一些问题，如平均运距常年维持在 40 千米左右，与高速公路高速发展阶段特征不符，主要是由于抽样调查作为日常工作，长期的统计工作模式，导致数据并不准确，由于人力、物力所限，各省长期开展抽样调查积极性并不高，能够坚持日常开展抽样调查工作的省份并不多，部分省份和地区还出现人为调整数据的情况，造成统计数据真实性存在问题。因此，为了解决统计数据失真的问题，摸清运输量底数，同时也为了获得区域和结构性运输量统计数据，建立新型运输量统计工作模式和方法体系，交通运输部决定在 2008 年开展第一次全国公路、水路运输量专项调查，运输量统计调查也进入周期性调查的工作模式阶段。

2008 年运输量专项调查时，调查范围涵盖了营业性和非营业性运输量数据，调查时间为一个月，调查由交通运输部统一组织、统一编制方案、统一步调开展工作，数据由交通运输部统一推算后发布结果。在该次调查中，全国共调查了40 万辆运输车辆、3 万艘船舶，采集了 400 多万条记录。

在 2008 年专项调查结束后，运输量的统计口径进行了明确界定，公路运输量统计范围原则上为所有在公路上产生运输量的营运车辆，包括营业性载客车辆和营业性载货车辆。在公路上公共汽（电）车、出租客车发生的旅客运输量纳入公路运输量的统计范围。与之前相比，剔除了非营业性的公路客货运输量，主要是："非营业性"本质上属于出行、交通概念，不具有"运输"的交易属性；受行业管理权限所限，实际工作中，源头数据的采集十分困难。水路运输量统计范围原则上为所有在交通运输主管部门审批、备案，从事营业性旅客和货物运输生产的船舶。与之前相比，水路客运统计中对于渡运量进行了重新界定，规定船舶核定航区为内河的渡船不纳入统计，因此水路客运量、旅客周转量均有不同程度的下降。水路货运统计中，重新界定以"经营权"为原则进行统计，与原来操作中以"所有权"（即租出的自有船舶仍纳入统计，租入的船舶不纳入统计）为原则进行统计相比较，在"经营权"统计口径前提下，规定租出的自有船舶不纳入统计，但租入的非自有船舶应纳入统计。

2008 年调查结束后交通运输部印发了《公路水路运输量统计试行方案（2009）》，根据该方案，运输量专项调查之后的日常运输量统计采用的方法是综合利用全面调查、重点调查、小样本调查等方式结合月度波动系数推算的统计方法。原则上要求，具备采用全面调查基础的，优先考虑通过建立相应月度统计报表制度进行全面统计。对于不具备采用全面调查方法的，通过采集跟踪车船样本、跟踪典型企业、客运站售票记录、高速公路收费记录等数据的方式，利用波动系数法推算。

2013年，为了满足国家对交通运输主管部门提供交通运输行业财务及生产的服务业统计数据要求，交通运输部统筹考虑已有运输量统计工作与新增的服务业统计调查任务，决定开展交通运输业经济统计专项调查，并推进建立一体化经济统计调查体系。在这次专项调查中，针对运输量统计方面，统计方法仍主要采用基于车、船的抽样调查方式，对统计口径进行了调整，在公路客运中剔除了公交、出租完成的运输量，而公路货运行业中剔除了低速载货、三轮车等车辆的运输量。

随后，交通运输部再次下发了《公路水路运输量统计试行方案（2014）》用于指导全国各地运输量统计工作开展。此项方案明确了公路运输量统计将采用"抽样调查与波动系数统计推算相结合的方法，即每2~3年开展一次抽样调查，获取月度调查基数，并以此月度数据为运输量统计的基础，结合月度波动系数方法进行非调查月度的数据统计"。该方案另一突出特点是，要求将行政记录作为波动系数的主要依据，公路客运行业要求优先采用联网售票数据作为波动系数来源，而公路货运行业要求优先采用高速公路计重收费数据作为波动系数测算的主要依据。这种将客观数据作为运输量测算的数据来源的方式既降低了基层统计人员的工作量，又使得运输量统计有了更加准确、客观的依据。在具体执行时，各省又对部级推荐的运输量波动系数方法进行了细化和扩展，如在公路货运行业中，一些省份认为单纯使用高速公路计重收费数据代表性不足，因此采用高速公路计重收费、交通量观测、重点货运企业等多个数据源，通过加权的方式得到运输量的波动系数。

根据周期性专项调查的制度性安排，2015年交通运输部组织开展了一次小样本抽样调查工作，调查的行业仅限于公路客运、公路货运和内河货运，调查的样本量达8万个，并且根据此次调查结果调整了2015年的全国及分省的运输量基数。

第四阶段：基于运输经营业户的分类统计。

2017年，交通运输企业一套表联网直报工作开始试点运行，作为交通运输统计改革的一项重要内容，其以企业统计调查为核心，通过联网直报系统实现交通运输企业直接向交通运输部报送生产、财务、能耗等数据，做到流程透明、质量可控。这项工作对运输量这一核心指标的统计方法和工作流程也产生了重要影响。随着企业一套表调查工作的深入推进，基于业户调查的统计流程、支撑手段等逐步完善，具备了建立业户调查体系的基本条件。2019年，面临着公路货运统计难点的问题，交通运输部再次组织开展了道路货物运输量专项调查工作，这次调查做出了新的改变和尝试，为了确保统计数据能够反映市场主体变化全貌，同时避免总质量4.5吨及以下普通货运车辆监管方式调整后的统计空白，调查对象由车辆转变为企业，采用了全面调查和抽样调查相结合的模式，将拥有50辆车以上的企业划定为规模以上道路货运企业，采用全面调查方法，规模以下企业和个体户采用抽样调查方法。

2020年11月，交通运输部正式印发了《交通运输部办公厅关于进一步完善运输量统计方法的通知》，明确提出要逐步推进建立基于业户调查的运输量统计调查体系。按照通知要求，目前海洋客货运输、内河水路客运、公路客运、城市公共汽电车、轨道交通、城市客运轮渡等子行业的运量已经基本实现直接利用企业调查数据进行全面汇总，道路货运也依托一套表实现了"规模以上企业全面调查+规模以下波动推算"，基于经营业户的运输量统计调查体系已经基本完成。

与此同时，交通运输部近一年来也在开展新水运统计的相关基础研究工作，该项统计工作是通过对船舶行政监管记录大数据的采集、传输、汇聚、清洗、处理和挖掘，进而形成区域水路货运量等主要统计指标，统计结果更关注区域协同关系及运输结构特征变化趋势，可以直观地反映出各地的经营运行情况。新型水路货运量统计将成为水运统计方法改革创新的重点方向，新的统计方法也将会为水运行业精细化管理提供更加坚实的决策依据。

第二篇

方法篇

第三章 抽样调查在运输量统计中的应用

第一节 抽样调查概述

一、抽样调查基本概念

抽样调查也称样本调查，是非全面调查中最重要、应用最广泛的一种调查方式。抽样调查是按一定程序从所研究对象的全体（总体）中抽取一部分（样本）进行调查或观测，获取数据，并以此对总体的一定目标量做出推断。同全面调查相比，具有经济性好、时效性强、适应面广、准确性高等特点。在抽样调查中，通过样本数据，我们不仅可以对总体目标变量进行估计，而且还可以对由于采用样本数据估计总体特征而引起的抽样误差进行估计。研究表明，一个经过科学设计和严格实施的抽样调查，有可能获得比全面调查更为可靠、更为精确的结果。因此，20 世纪 90 年代以来，抽样调查方法被广泛应用于公路水路运输量调查、车辆（船舶）燃料消耗调查、基于基本单位的货运需求调查、城市居民出行调查以及交通人力资源调查等各类专项调查项目中，不仅很好地达到了这些专项调查的实施目的，而且还积累了大量交通运输统计中抽样调查方法应用的实践经验。

二、几种抽样调查方法

在抽样调查理论中，针对不同的调查项目往往会采用不同的抽样方法，最基本的抽样方法有以下五种。在实际调查中，一个具体的抽样调查方案往往是这五种抽样方法的各种组合。

1. 简单随机抽样

在有限总体抽样中，简单随机抽样是最基础的抽样方法，其他许多抽样方法都可以看作是在该方法基础上的修正，以便在方便实施调查或者提高估计精度两个方面得到改进。

简单随机抽样也称为单纯随机抽样，从单元数为 N 的总体中逐个不放回地抽取 n 个单元组成样本，要求每次抽取对于当时未进入样本的单元都是等概率的；也可以从总体中一次性地抽取 n 个单元，要求所有可能抽取的组合每种被抽到的概率都相等。

2. 分层抽样

将总体中的单元按某种规则划分为若干个子总体，每个子总体称为"层"。在每个层内进行独立的抽样，这样的抽样就称为分层抽样。如果各层内进行的是简单随机抽样，那么称为分层随机抽样，这在实际抽样调查工作中十分常用。

3. 多阶抽样

如果总体中的每个抽样单元（称为初级单元）可以分为若干次级单元，先对初级单元进行抽样，在抽取得到初级抽样单元后，从入选的初级单元中抽选次级单元。这种抽样方法称为二阶抽样。类似可以定义三阶抽样、四阶抽样等。

4. 整群抽样

如果总体中的每个抽样单元（称为初级单元）可以分为若干次级单元，那么抽样仅对初级单元进行，对于抽中的初级单元，调查这个单元中所有次级单元，对于没有抽中的初级单元则不进行调查，这种抽样方法称为整群抽样。这里的群就是指初级单元。

5. 系统抽样

将总体中的抽样单元按某种次序排列，在规定的范围内随机抽取一个初始单元，然后按事先规定的规则抽取其他样本单元，这种抽样方法称为系统抽样。同其他几种抽样不同的是，这里只有初始单元是经随机抽取的，其他样本单元都随着初始单元的确定而确定。

最简单的系统抽样是在取得初始单元后，按相等的间距抽取其他样本单元，这就是所谓的等距抽样。

三、抽样调查的步骤

抽样调查是一项系统性工程，必须严格按照既定程序执行。当然，调查目的不同，具体步骤也会有所不同，图 3-1 展示了交通运输调查中抽样调查方法应用的基本步骤（见图 3-1），既包括技术层面也包括组织层面。

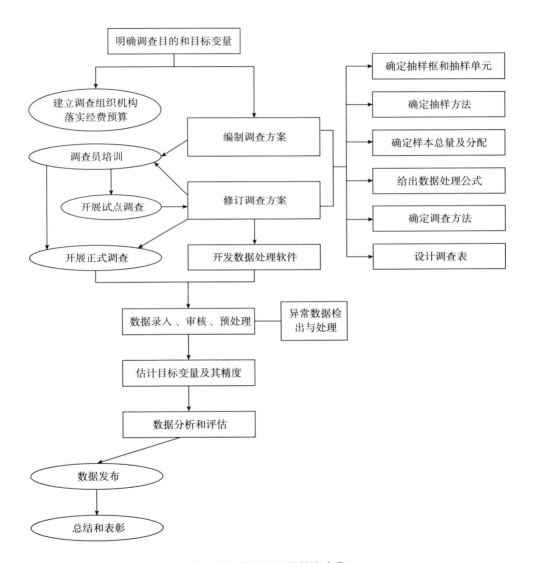

图 3-1 抽样调查的基本步骤

1. 技术层面

开展一项交通运输调查，无论采用什么样的调查方法，都需要首先明确调查目的，通过对调查目的的解读、分析和细化，确定调查的一个或多个目标变量，包括总值、均值、比例或比值等多类指标。针对最终需要获取的目标变量，再研究确定调查内容和调查基础指标。例如，在运输量专项调查中，最终目标变量之一是公路货运量，为此，调查内容就是我国在籍营运货运车辆的货运情况，调查基础指标就是每一辆货车每一趟次的货运量。

在明确了调查内容以及调查基础指标后，可以着手编制调查方案，主要包括以下内容：一要选择合适的抽样框和抽样单元，既可以使用已有的抽样框，也可以对已有但不完整的抽样框进行补充，或者建立全新的抽样框；二要确定适用的抽样方法，包括简单随机抽样、分层随机抽样、多阶抽样、整群抽样和系统抽样等多种方法；三要根据估计精度和调查成本的要求来计算最低样本量，对于分层抽样，还要考虑样本量在各子层中的分配；四要确定相应的总体特征和抽样误差的估计公式；五要根据抽样设计和调查对象的特点，研究确定适用的调查方法，包括面访、电话、邮寄、蹲守等多种方法；六要设计合理的调查表，尽可能获取到真实、有效的信息。

现代大规模抽样调查中，数据处理通常都依靠计算机来完成，对相应的数据处理软件的要求也越来越高，需要具备数据录入、审核、上报以及预处理等多种功能。

在数据审核时，除了逻辑检查外，还应对数据进行统计检查，对样本数据分组计算均值和标准差，将那些偏离平均数特别大的数据检出进行检查（通常采用 3σ 原则进行筛选），若确信原始数据有误则进行适当处理，或改正或删去。

在完成了基础数据的现场采集和计算机处理后，采用预先设定的计算公式对目标变量及其精度进行估计，并对数据结果进行分析和评估。这里的评估包括调查工作组的内部评估和组织召开专家评估会等。

2. 组织层面

除上述在技术层面的工作步骤外，实施一项抽样调查还有相当多组织层面的工作，包括建立各级调查组织机构，落实调查所需的人力、物力和财力，对调查工作组织者和调查员开展培训，在一定范围内开展试点调查，在试点取得经验的基础上再组织开展正式调查，对最终的数据结果进行发布，并组织开展调查工作的总结和表彰。

为确保基础数据的质量，要建立调查表的各级审核制度，特别注意基层的抽样是否按规定的方法执行，并核对样本编号；检查调查表的完整性、规范性问题的答案编码是否符合要求；还应该建立一定的复查制度，在样本中抽取一定比例进行复查。

第二节 抽样框的设计

一、抽样框的基础

抽样框的构建是整个抽样调查开展的基础，如果抽样框构建得不合理，存在遗漏、重复等问题时，那么无论抽样设计如何科学、推算公式如何准确、调查实施如何严谨，都不可能得到一个满意的调查结果。一般来讲，抽样框的构建既可以使用已有的抽样框，也可以对已有但不完整的抽样框进行补充，或者建立全新的抽样框。只有基于抽样框才能按照既定规则抽取所需的抽样单元（注：在简单随机抽样中，抽样单元即为基本单元），从而形成用于开展调查的样本。

在公路水路运输量统计中，抽样框的主要基础是来自运政管理部门的审批系统，根据管理流程，经营公路水路客货运输的经营业户需要在交通运输管理部门注册登记，目前注册登记的包括了人、车/船、户三大要素。人是指从业人员；车/船是指运输工具；户是指经营业户。一般运输量调查抽样框就是基于运政库的车/船和经营业户进行建立。

无论采取何种形式构建的抽样框，在抽样之后，调查者必须能够根据抽样框找到具体的抽样单元。因此，抽样框必须是有序的，即抽样单元必须编号，且根据某种顺序进行了排列；抽样框中包含的抽样单元务必要"不重不漏"，否则将出现抽样误差。

在车船、业户抽样框整理中，需要注意以下几点：一是保证整理名录能够不重不漏；二是需要根据业务情况剔除调查"死车""死户"；三是保证联系电话的准确性，方便后续的调查样本联系工作。

二、一般整理方式和流程

对于运政系统数据库的整理方式包括自上而下和自下而上两种模式。自上而下是指由交通运输部统一从全国道路运政管理信息系统中提取相关数据，作为抽样框。自下而上是由各省级交通运输主管部门组织本省名录库整理，可由各基层交通管理部门逐级上报汇总，也可由省级运政系统统一提取整理，省级名录库整理完成后提交至交通运输部形成全国抽样框。

对于全国道路运政部级系统互联互通未完成之前，一般采用自下而上的模式整理。2019年开展道路货物运输专项调查工作时，交通运输部已经完成了运政管理系统基层数据的集中工作，但基础数据仍然存在着数据质量不高的情况，为了能够获取较为精确的统计数据，仍采用先自上而下下发核实，再自下而上逐级上报的方式，具体流程见图3-2。

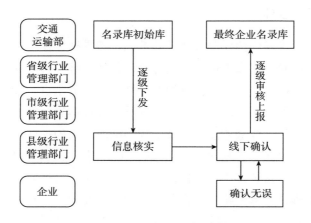

图3-2　名录库整理流程

具体流程是，交通运输部负责整理已有车辆名录信息资源，形成名录初始库，然后向各省（自治区、直辖市）布置名录初始库信息核实工作，由各省（自治区、直辖市）组织核实，并将核实结果逐级上报至交通运输部，部与省（自治区、直辖市）共同确认后形成最终名录库。

第三节　抽样方法的设计

一、抽样方法选择

常见的抽样方法有简单随机抽样、分层抽样、多阶抽样、整群抽样和系统抽样等。其中，分层抽样具有其他抽样方法不可比拟的一些优点，这些也是大型交通运输抽样调查往往会选择采用分层抽样的原因：

（1）可以同时对子总体进行参数估计。适用于同时需要对分层的参数进行估计且考虑它们精度的调查。在历次全国公路水路运输量专项调查中，我国 31 个省份以及其下辖的地市都需要公路客货运输量的数据，这就需要按照省份乃至地市进行分层。

（2）便于依托行政管理机构进行组织和实施。由于各层的样本抽取、数据采集、处理和推算都可以分层来独立进行，如果层是按一定行政系统划分的，就可按各自的行政管理来组织实施。

（3）可以对不同层按照具体情况和条件采用不同的抽样方法。如在一些层中采用简单随机抽样，而在另一些层中采用系统抽样或二阶抽样等。

（4）使样本在总体中分布更加均匀，从而具有更好的代表性。在全国公路水路运输量专项调查中，如果仅仅采用简单随机抽样，那么对于车辆或船舶数量较少的省份，很可能会出现样本量过小甚至没有样本点的现象。

（5）可以提高参数估计的精度。后续的介绍将表明，分层抽样的精度一般要高于其他抽样方式。

当然，分层抽样也会带来一些技术问题，包括层的构造、样本量的分配以及目标变量和误差估计等。

分层抽样方法的具体设计流程为：首先，要根据分层的目的来构造层，包括分层标志的选择、层界和层数的确定等；其次，要根据精度要求和费用限制来确定样本总量及其在各层中的分配；再次，采用适当的抽样方法在每层中抽取样本并开展调查；最后，要根据调查资料对目标变量及其误差进行估计。

二、层的构造

1. 分层标志选择

分层标志的选择是分层抽样的一个核心问题。如果分层标志选择不当，那么很有可能会使分层抽样误差比简单随机抽样误差还大。基于分层抽样设计的目的，分层标志的选择也是为了估计子总体、便于组织实施以及提高精度等需要。对于提高精度而言，分层标志的选择就是要使分层后的层内差异水平达到最小。但如何实现这一目标却是实际抽样中的难题。

从理论上来说，分层标志与目标变量的关系越密切，分层的效果就越好，但有时很难从众多标志中判断哪个标志是最佳的选择，尤其是在有关资料缺乏或对调查总体不太了解的情况下。为解决这一问题，并考虑到操作的便捷性，在实际的运输量抽样调查项目中，通常按照以下思路来选择分层标志：

（1）尽量利用调查总体中存在的自然分层标志，因为它通常是现成的，容易被人们认识且方便实用，能满足多项指标调查分层的需要。例如，在调查货运车辆的运输生产、燃料消耗以及运营效率等相关指标时，可以按照货运车辆的隶属行政区划（包括省份和地市）来进行分层，也可以按照货运车辆的营业性质（包括营业性和非营业性）、车辆类型（包括普通货车、专用货车、危险品运输车、农用运输车、拖拉机等）以及核定载质量等货运车辆自身属性进行分层。例如，在调查客运车辆的相关指标时，同样可以按照客运车辆的隶属行政区划分层，也可以按照客运车辆的营业性质、经营范围（包括班线客车、旅游包车、出租客车、公交汽车等）以及核定载客位进行分层，对于其中的班线客车还可以按照经营线路类别（包括跨省线路、跨地市线路、跨县线路和县内线路等）作进一步的分层。又如，在调查基本单位的货运需求时，可以按照基本单位的性质（包括法人单位和个体经营户）以及基本单位所属的国民经济行业门类（包括农业、采矿业、制造业、批发零售业等）分层，也可以按照基本单位的主营业务收入进行分层。因此，在运输调查中，要认真分析被调查对象的属性特征，总结归纳可供选择的各类分层标志。

（2）对于可供选择的分层标志，从统计学角度可以分为品质标志和数量标志两类。其中，品质标志表明总体单位属性方面的特征，其标志表现只能用文字来表现，如上述例子中的车辆隶属行政区划、营业性质、车辆类型、经营范围等；而数量标志表明总体单位数量方面的特征，其标志表现可以用数值表示，如上述例子中货运车辆的核定载质量和客运车辆的核定载客量等。显然，在层的划分上，品质标志较数量标志更容易操作：一是品质标志表现较数量标志少得多；二是品质标志的层界较数量标志容易确定。如在上述货运车辆调查的例子中，按照营业性质这一品质标志可以非常容易地划分为两层；但对于核定载质量这一数量标志，其划分的层数以及相应的层界等都需要通过复杂的过程来确定。尤其是对于那些事先缺乏足够了解的新事物的调查，从品质标志着手分层相对容易一些。当然，如果有现成的相关数量标志可供分层，也应该尽量利用。例如，对于定期开展的运输量抽样调查，就可以利用以往的调查经验来确定相关的数量标志，以通过数量标志的辅助信息来提高分层效果。

（3）在多个可供选择的数量标志中，应选取与目标变量关系最密切的标志作为分层标志，即要求两者相关系数的绝对值最大。在正相关和负相关中，又应先取正相关者。相关关系的判定通常可以过去的资料为依据，即使没有过去的资料，也可以正式调查前的试点调查为依据。例如，无论是直观感受还是数据计算，都可以发现客（货）运车辆在一定时间内完成的客（货）运量同他们的核定载客（质）量密切相关。又如，对于同一国民经济行业门类，尤其是业务类型相同的基本单位，其日常货运需求的大小必然同它们主营业务收入的规模密切相关。

2. 层界的确定

对于前述的能按品质标志分层的总体，其层界就是自然层界，很容易确定。如在上述客运车辆调查的例子中，经营范围就是层界，按照经营范围可以很明确地将客运车辆分为班线客车、旅游包车、出租客车和公交汽车 4 层。

对于需要按数量标志分层的总体，这一数量标志可以是所要研究的目标变量本身，也可以是同目标变量高度相关的辅助变量来确定层的界限。这就需要对总体中的个体单元有所了解，也就是抽样框应包含框中个体单元调查指标的信息，或者与调查指标高度相关的其他辅助指标的信息。数量标志的确定原则上可以用一句话来概括，即目标变量或与之高度相关的辅助变量满足"层内方差小，层间方差大"。具体计算方法如下：

（1）用目标变量 Y 来确定分层界限。将目标总体分为 L 层，设 Y_0 和 Y_L 是目标变量 Y 的最小值和最大值，要研究找出相邻两层之间的 L－1 个界限 Y_1，Y_2，…，Y_h，…，Y_{L-1}，使得奈曼分配下对应估计量的方差 V（$\bar{y}$）达到最小。经过对方差公式求导得出一组关于 Y_h 的联立方程，最优分层界限就是这组方程的解，但要解这组方程是十分困难的，必须通过复杂的迭代才能实现。为此，Dalenius 与 Hodges（在 20 世纪 50 年代）提出了累计 $f^{1/2}$（y）法，即当 Y 的频率函数 f（y）已知时，先求出 $f^{1/2}$（y）的累计值，然后再确定 Y_h（h＝1，2，…，L），使得 $f^{1/2}$（y）在各个层内的累计值相等。

（2）用辅助变量 X 来确定分层界限。在实际抽样调查中，目标变量 Y 往往是不知道的，即便知道也是以往的数据，不具有实效性。因此，就需要用某个与其高度相关的辅助变量 X 来确定分层界限。可以证明，当目标变量 Y 和辅助变量 X 之间具有很好的线性相关关系的情况下，用 X 的累计 $f^{1/2}$（y）法来确定分层界限也是同样有效的。

3. 层数的确定

对于前述的能按品质标志分层的总体，自然的品质标志是较为理想和有效的层数，因为这种分层轮廓清晰，层次分明，既与实际情况相符，又能体现性质差异，并能保证样本的良好代表性。但对于按品质标志分层后，层数过多的情形，可以采用聚类判别法来确定层界和层数。如在针对货运需求单位的货运需求调查中，按国民经济行业门类分，通过聚类判别法，可以将相似的行业进行合并。

对于前述的按数量标志分层的总体，理论上讲，层数分得越多，总体差异被转化为层间差异的份额就越大，平均层内差异水平就越低，从而提高抽样调查的精度。但事实上，当层数 L 大于 6 时，精度提高的速度会大大减缓。

另外，确定层数的时候还要考虑费用的限制。戴伦纽斯于 1957 年提出了一个设想：$C = LC_s + nC_n$，其中，C 代表总费用，C_s 代表每增加一层所需要增加的费用；C_n 代表每增加一个样本所需要增加的费用。可以看到，在总费用 C 一定的情况下，增加层数 L，必然要求减少样本量 n，且每增加一层，样本量就要减少 C_s / C_n。增加层数的目的是提高估计精度，而减少样本量所带来的一个直接后果就是使得估计量精度下降，从而抵消了由于层数增加所获得的精度上的提高。一些理论和实际研究表明，层数 L 不应超过 6。

因此，在实际操作中，从精度和费用两方面考虑，对于单一分层标志而言，层数 L 以不超过 6 为宜。

4. 多重分层

如前所述，分层标志可以有很多种选择，既可以按品质标志进行分层，也可以按数量标志进行分层，即便对于品质标志或者数量标志，往往也会有若干种选择。因此，在实际的运输调查中，通常会选择若干个有效的标志来进行交叉分层，称为多重分层。

通常情况下，多重分层的一般做法是：先按最主要的标志分成大层，在大层中再按第二主要标志分成中层，依次递推，从而形成较为复杂且层数较多的交叉分层。

5. 多指标分层

在实际的运输调查中，大多数抽样调查都是多目标变量的，例如，在公路客运调查中，目标变量包括客运量、旅客周转量、燃料消耗量、里程利用率、实载率等。这就需要考虑多指标分层的有关问题，包括多指标分层下的样本代表性问题、多指标分层下的样本量确定问题以及多指标分层下的样本量在各层分配问题等。

（1）有控制抽选。多指标分层抽样时，如果要按各个目标变量进行分层，那么就会使分层的数量大大增加，特别是采用多重分层的情形。例如，在公路货运车辆调查中，货运量指标和车辆类型、车辆核定载质量等指标密切相关，但燃料消耗指标却是同车辆功率、车辆排量等指标更相关。如果按货运量指标和燃料消耗指标的精度要求需要分别划分为 5 层，那么总共就需要划分为 5×5＝25 层，这会构成一个非常复杂的交叉分层。同时，要照顾到各层的代表性，就必须要有足够大的样本量,而样本量的增加会受到费用的限制。因此,必须采用有控制的抽选方法。

(2)总样本量的确定。由于各指标的差异性,同样的抽样设计会造成各指标不同的精度水平。因此,往往会出现照顾到了一个指标却忽略了另一个指标的情况。当然,若费用允许,则可以选择较大的样本量来同时满足多个指标的分层要求;但如果费用有限,就只能优先保证最被关注的目标变量的精度。正如在公路货运车辆调查中,考虑到调查预算有限,以确保核心目标变量(货运量和货物周转量)的精度为首要任务,在经费允许范围内,兼顾考虑其他目标变量。

对于分层的目的是对各子总体参数进行估计的情形,需要在分层后,参照各个指标的精度要求分别计算各层的样本量,找出每层各个指标所需的最大样本量,将各层样本量相加汇总,就得到满足各个子总体精度要求的总样本量。

(3)样本量的分配。对于多个目标变量指标,每个指标都有其固有的层的标准差,导致基于一个指标的最优分配一般不会同时是另一个指标的最优分配,甚至可能会有相互矛盾的情形发生。因此,不涉及具体指标的比例分配是最简单、最实用的处理方法,此时的样本是自加权的,估计量及其他数据处理都有比较简单的形式。

三、样本量在各层的分配

在分层随机抽样中,若总样本量确定,就需要考虑如何把这个样本合理地分配到各层中去。由于层的大小规模不同以及各层的层内方差不同,导致各层样本量的不同分配方式会对估计量的精度产生一定的影响。常用的样本量分配方式有比例分配和最优分配,而最终分配又分为一般最优分配和 Neyman 最优分配。

1. 比例分配

在分层随机抽样中,若每层的样本量 n_h 都与层的大小 N_h 成比例,即 $\dfrac{n_h}{N_h} = \dfrac{n}{N} = f$（$h = 1, 2, \cdots, L$）,则称样本量的这种分配为比例分配。其中,$\dfrac{n_h}{n} = \dfrac{N_h}{N} = W_h$ 称为层权。

对于比例分配的分层随机抽样,其总体均值 $\overline{Y}$ 的无偏估计为:

$$\overline{y}_{prop} = \sum_{h=1}^{L} W_h \overline{y}_h = \sum_{h=1}^{L} \frac{n_h}{n} \overline{y}_h = \sum_{h=1}^{L} \frac{n_h}{n} \frac{1}{n_h} \sum_{i=1}^{n_h} y_{hi} = \frac{1}{n} \sum_{h=1}^{L} \sum_{i=1}^{n_h} y_{hi} = \overline{Y}$$

这是因为总体中的任何一个单元,不管它属于哪一层,进入样本的概率都是相等的，均为 $f = \dfrac{n}{N}$，因此比例分配的分层随机抽样是一种等概率抽样，这就使得比例分配的分层随机抽样的估计量具有很简单的形式（均为自加权的形式），可以大大简化调查以后的数据处理，特别适用于大规模的多目标变量的交通运输调查。

☞ 自加权：若总体总值（或均值）的一个无偏估计量可以表示成样本单元的变量值总值（或均值）的一个常数倍（即 $\hat{Y} = ky$ 或 $\overline{\hat{Y}} = k\overline{y}$），则称这种估计量为自加权的。

对于比例分配的分层随机抽样，其总体均值估计量的方差形式也比较简单：

$$V_{prop}(\overline{y}_{st}) = \sum_{h=1}^{L} W_h^2 V(\overline{y}_h) = \sum_{h=1}^{L} W_h \frac{n_h}{n} \frac{1-f_h}{n_h} S_h^2 = \frac{1-f}{n} \sum_{h=1}^{L} W_h S_h^2$$

2. 最优分配

在分层随机抽样中，对于给定的费用，使估计量的方差 V 达到最小，或者对于给定的估计方差 V，使得总费用达到最小的各层样本量的分配称为最优分配。可见，在最优分配中，不仅考虑调查的精度要求，还考虑了调查的费用限制。在实际的抽样调查中，费用函数可能是线性的，也可能是非线性的。为便于研究，通常设总费用函数为线性函数：$C_T = c_0 + \sum_{h=1}^{L} c_h n_h$，其中，$c_0$ 为与样本量无关的固定调查费用；c_h 为第 h 层中调查一个样本单元的平均费用。此时，按最优分配的原则得到各层样本量比例为：

$$\frac{n_h}{n} = \frac{W_h S_h \big/ \sqrt{c_h}}{\sum\limits_{h=1}^{L} W_h S_h \big/ \sqrt{c_h}} = \frac{N_h S_h \big/ \sqrt{c_h}}{\sum\limits_{h=1}^{L} N_h S_h \big/ \sqrt{c_h}}$$

可以看到，n_h 与 N_h、S_h 成正比，而与 $\sqrt{c_h}$ 成反比。因此，对于第 h 层而言，如果存在以下三种情况：①所含的单元数量较多；②层内的差异程度较大；③每个样本所需的调查费用相对较低，就需要在该层抽取较多的样本单元。

当各层中调查一个样本单元的平均费用相等（$c_h = c$）时，费用函数就可以简化为 $C_T = c_0 + cn$。此时，各层样本量比例 $\dfrac{n_h}{n}$ 的表达式就可以简化为：$\dfrac{n_h}{n} = \dfrac{W_h S_h}{\sum\limits_{h=1}^{L} W_h S_h} = \dfrac{N_h S_h}{\sum\limits_{h=1}^{L} N_h S_h}$。这种形式的分配被称为 Neyman 最优分配，是最优分配的一种特殊形式。与此同时，我们将除 Neyman 最优分配以外的其他最优分配称为一般最优分配。

Neyman 最优分配使得分层随机抽样的方差达到最小，其总体均值的方差可以表示为：

$$V_{min}(\bar{y}_{st}) = \frac{1}{n}\Big(\sum_{h=1}^{L} W_h S_h \Big)^2 - \frac{1}{N}\sum_{h=1}^{L} W_h S_h^2$$

3. 两种分配方式的比较

由于在进行最优分配时，需要通过事先掌握各层（子总体）的标准差 S_h，这一标准差的获得只能是通过各种方法进行估计而不是精确计算，因此理论上最优分配的最小方差在实践中是很难达到的。比例分配的估计量是自加权的简单形式，而且除非各层的标准差 S_h 之间存在着十分明显的差异，否则比例分配的精度并不会比最优分配的精度差很多。这里，有一个经验性的结论：如果比例分配估计量方差不超过理论上最优分配估计量方差的 20%，那么此时采用比例分配的分层随机抽样就是值得的。

在交通运输抽样调查中，对于调查规模较小且分层相对简单的抽样调查，倾向于采用 Neyman 最优分配方式；但对于调查规模较大且需要进行多重分层的抽样调查，则更倾向于采用比例分配，不仅样本量的分配过程简单易操作，而且目标变量的估计也相对简单。

4. 必调查层的确定

对于某个层内方差 S_k^2 较大，甚至按最优分配计算的 n_k 可能会超过 N_k，通常会采用 100% 抽样（即取 $n_k = N_k$），然后将剩下的样本量 $n - n_h$ 按比例分配或最优分配方式分配到其他各层。这里，我们将第 k 层称为必调查层。由于必调查层是全面调查，不会产生抽样误差，因此，将层内方差较大且抽样单元有限的层作为必调查层，能较好地提高估计精度。例如，针对货运需求单位开展货运需求调查时，将国民经济各子行业中主营业务收入达到一定规模的法人单位划入必调查层，即该层内每一个单位都要接受调查。

此时，最优分配下达到的最小方差公式需要做相应的修改。由于对于那些全面调查的层，不会产生抽样误差，因此，方差只来自实际抽样的层。修改后的最小方差公式为：

$$V_{min}^{*}(\bar{y}_{st}) = \frac{1}{n^*}\Big(\sum_{h=1}^{L}{}^{*} W_h S_h \Big)^2 - \frac{1}{N}\sum_{h=1}^{L}{}^{*} W_h S_h^2$$

其中，$\sum_{h=1}^{L}{}^{*}$ 为仅对那些没有进行全面调查的层求和，n^* 是从那些没有进行全面调查的层中抽出的样本量总和。

四、总样本量的确定

相比于简单的随机抽样，分层随机抽样中总样本量 n 的确定稍显复杂。当估计的总体参数为总体总值 Y、总体均值 $\overline{Y}$ 或总体比例 P 时，如果仅从精度要求考虑，在给定方差上限 V、绝对误差限 d 或者相对误差限 r 等估计精度的要求，且已知总体方差 S^2 预估值时，同简单随机抽样类似，样本量计算如表 3-1 所示。

表 3-1　常用总体参数在给定条件下的总样本量确定

给定条件　　　　　　总体参数	方差上限 V	绝对误差限 d	相对误差限 r
总体总值 Y	$n = \dfrac{\sum\limits_{h=1}^{L} W_h^2 S_h^2 / w_h}{V + \dfrac{1}{N}\sum\limits_{h=1}^{L} W_h S_h^2}$	$n = \dfrac{\sum\limits_{h=1}^{L} W_h^2 S_h^2 / w_h}{\dfrac{d^2}{\mu_{\alpha/2}^2} + \dfrac{1}{N}\sum\limits_{h=1}^{L} W_h S_h^2}$	
总体均值 $\overline{Y}$	$n = \dfrac{\sum\limits_{h=1}^{L} W_h^2 S_h^2 / w_h}{V + \dfrac{1}{N}\sum\limits_{h=1}^{L} W_h S_h^2}$	$n = \dfrac{\sum\limits_{h=1}^{L} W_h^2 S_h^2 / w_h}{\dfrac{d^2}{\mu_{\alpha/2}^2} + \dfrac{1}{N}\sum\limits_{h=1}^{L} W_h S_h^2}$	$n = \dfrac{\sum\limits_{h=1}^{L} W_h^2 S_h^2 / w_h}{\left(\dfrac{r\overline{Y}}{\mu_{\alpha}/2}\right)^2 + \dfrac{1}{N}\sum\limits_{h=1}^{L} W_h S_h^2}$
总体比例 P	$n = \dfrac{\sum\limits_{h=1}^{L} W_h^2 P_h Q_h / w_h}{V + \dfrac{1}{N}\sum\limits_{h=1}^{L} W_h P_h Q_h}$	$n = \dfrac{\sum\limits_{h=1}^{L} W_h^2 P_h Q_h / w_h}{\dfrac{d^2}{\mu_{\alpha/2}^2} + \dfrac{1}{N}\sum\limits_{h=1}^{L} W_h P_h Q_h}$	$n = \dfrac{\sum\limits_{h=1}^{L} W_h^2 P_h Q_h / w_h}{\left(\dfrac{r\overline{Y}}{\mu_{\alpha}/2}\right)^2 + \dfrac{1}{N}\sum\limits_{h=1}^{L} W_h P_h Q_h}$

事实上，当选择不同的样本量分配方式时，由于 w_h 的取值公式不同，在比例分配中，$w_h = W_h$；在一般最优分配中，$w_h = \dfrac{W_h S_h / \sqrt{c_h}}{\sum\limits_{h} \left(W_h S_h / \sqrt{c_h} \right)}$，这里的 c_h 为第 h 层中调查一个样本单元的平均费用；在 Neyman 最优分配中，$w_h = \dfrac{W_h S_h}{\sum\limits_{h=1}^{L} W_h S_h}$。基于不同的 w_h，表 3-2 中计算公式的具体表达形式也会随之发生变化。以总体均值 $\overline{Y}$ 的各种给定条件为例，计算公式的具体形式如表 3-2 所示。

表 3-2　分层随机抽样中不同分配方式的总样本量计算公式

给定条件	比例分配	一般最优分配	Neyman 最优分配
方差 V	$n = \dfrac{\sum\limits_{h=1}^{L} W_h S_h^2}{V + \frac{1}{N}\sum\limits_{h=1}^{L} W_h S_h^2}$	$n = \dfrac{\left(\sum\limits_{h=1}^{L} W_h S_h \sqrt{c_h}\right)\left(\sum\limits_{h=1}^{L} W_h S_h / \sqrt{c_h}\right)}{V + \frac{1}{N}\sum\limits_{h=1}^{L} W_h S_h^2}$	$n = \dfrac{\left(\sum\limits_{h=1}^{L} W_h S_h\right)^2}{V + \frac{1}{N}\sum\limits_{h=1}^{L} W_h S_h^2}$
费用 C	—	$n = \dfrac{(C_T - c_0)\left(\sum\limits_{h=1}^{L} W_h S_h / \sqrt{c_h}\right)}{\sum\limits_{h=1}^{L} W_h S_h \sqrt{C_h}}$	—
绝对误差 d	$n = \dfrac{\sum\limits_{h=1}^{L} W_h S_h^2}{\dfrac{d^2}{\mu_{\alpha/2}^2} + \frac{1}{N}\sum\limits_{h=1}^{L} W_h S_h^2}$	$n = \dfrac{\left(\sum\limits_{h=1}^{L} W_h S_h \sqrt{c_h}\right)\left(\sum\limits_{h=1}^{L} W_h S_h / \sqrt{c_h}\right)}{\dfrac{d^2}{\mu_{\alpha/2}^2} + \frac{1}{N}\sum\limits_{h=1}^{L} W_h S_h^2}$	$n = \dfrac{\left(\sum\limits_{h=1}^{L} W_h S_h\right)^2}{\dfrac{d^2}{\mu_{\alpha/2}^2} + \frac{1}{N}\sum\limits_{h=1}^{L} W_h S_h^2}$
相对误差 r	$n = \dfrac{\sum\limits_{h=1}^{L} W_h S_h^2}{\left(\dfrac{r\overline{Y}}{\mu_{\frac{\alpha}{2}}}\right)^2 + \frac{1}{N}\sum\limits_{h=1}^{L} W_h S_h^2}$	$n = \dfrac{\left(\sum\limits_{h=1}^{L} W_h S_h \sqrt{c_h}\right)\left(\sum\limits_{h=1}^{L} W_h S_h / \sqrt{c_h}\right)}{\left(\dfrac{r\overline{Y}}{\mu_{\frac{\alpha}{2}}}\right)^2 + \frac{1}{N}\sum\limits_{h=1}^{L} W_h S_h^2}$	$n = \dfrac{\left(\sum\limits_{h=1}^{L} W_h S_h\right)^2}{\left(\dfrac{r\overline{Y}}{\mu_{\frac{\alpha}{2}}}\right)^2 + \frac{1}{N}\sum\limits_{h=1}^{L} W_h S_h^2}$

五、估计及精度分析

同简单随机抽样相似，在分层随机抽样中，总体目标变量的估计可以有简单估计、比估计和回归估计等估计方法。

1. 简单估计

对于分层随机抽样来讲，由于每层中的抽样都是独立地按照简单随机抽样进行的，因此其估计量的性质同简单随机抽样类似，只是增加了一个加权系数（见表 3-3）。

表 3-3　简单估计的估计量及其方差

指标	估计量	方差
总体均值	$\hat{\overline{Y}}_{st} = \overline{y}_{st} = \sum\limits_{h=1}^{L} W_h \overline{y}_h$	$V(\hat{\overline{Y}}_{st}) = \sum\limits_{h=1}^{L} \dfrac{1-f_h}{n_h} W_h^2 S_h^2$
总体总值	$\hat{Y}_{st} = \sum\limits_{h=1}^{L}\hat{Y}_h = \sum\limits_{h=1}^{L} N_h \hat{\overline{Y}}_h$	$V(\hat{Y}_{st}) = \sum\limits_{h=1}^{L} N_h(N_h - n_h)\dfrac{S_h^2}{n_h}$
总体比例	$\hat{P}_{st} = \sum\limits_{h=1}^{L} W_h P_h$	$V(\hat{P}_{st}) = \dfrac{1}{N^2}\sum\limits_{h=1}^{L}\dfrac{N_h(N_h - n_h)}{n_h - 1}p_h(1 - p_h)$

2. 比估计

由于增加了层的概念，将比估计技术应用于分层随机抽样时，相比于简单随机抽样就要更加复杂，有分别比估计和联合比估计两种办法。

分别比估计是指：首先针对每层的样本数据分别计算比值 $\hat{R}_h$ 和比估计量 $\bar{y}_{Rh}$（或 $\hat{Y}_{Rh}$），然后对各层的比估计量进行加权平均得到目标估计量 $\hat{\bar{Y}}_{RS}$（或 $\hat{Y}_{RS}$）；

联合比估计是指：首先对目标变量和辅助变量两个指标分别计算出总体均值（或总体总值）的分层简单估计量 $\bar{Y}$ 和 $\bar{X}$（或 Y 和 X），然后用它们的分层简单估计量来构造比估计的比值 $\hat{R}$，最后再用比估计得到目标估计量 $\hat{\bar{Y}}_{st}$（或 $\hat{Y}_{st}$）（见表 3-4）。

表 3-4 分别比估计和联合比估计的估计量及其方差

指标		估计量	方差
分别比估计	比值	$\hat{R}_h = \dfrac{\bar{y}_h}{\bar{x}_h}$	—
	总体均值	$\hat{\bar{Y}}_{RS} = \bar{y}_{RS} = \sum\limits_{h=1}^{L} W_h \bar{y}_{Rh} = \sum\limits_{h=1}^{L} W_h \dfrac{\bar{y}_h}{\bar{x}_h} \bar{X}_h$	$V(\hat{\bar{Y}}_{RS}) \approx \sum\limits_{h=1}^{L} \dfrac{W_h^2(1-f_h)}{n_h}(S_{yh}^2 + R_h^2 S_{xh}^2 - 2R_h S_{yxh})$
	总体总值	$\hat{Y}_{RS} = N\bar{y}_{RS} = \sum\limits_{h=1}^{L} N_h \dfrac{\bar{y}_h}{\bar{x}_h} \bar{X}_h = \sum\limits_{h=1}^{L} \dfrac{\bar{y}_h}{\bar{x}_h} X_h = \sum\limits_{h=1}^{L} \hat{Y}_{Rh}$	$V(\hat{Y}_{RS}) \approx \sum\limits_{h=1}^{L} \dfrac{N_h^2(1-f_h)}{n_h}(S_{yh}^2 + R_h^2 S_{xh}^2 - 2R_h S_{yxh})$
联合比估计	比值	$\hat{R}_c = \dfrac{\bar{y}_{st}}{\bar{x}_{st}}$	$V(\hat{R}_c) \approx \sum\limits_{h=1}^{L} \dfrac{W_h^2(1-f_h)}{n_h \bar{X}_h^2}(s_{yh}^2 + R_h^2 s_{xh}^2 - 2R_h s_{yxh})$
	总体均值	$\hat{\bar{Y}}_{RC} = \bar{y}_{RC} = \hat{R}_c \bar{X}$	$V(\hat{\bar{Y}}_{RC}) \approx \sum\limits_{h=1}^{L} \dfrac{W_h^2(1-f_h)}{n_h}(S_{yh}^2 + R^2 S_{xh}^2 - 2R S_{yxh})$
	总体总值	$\hat{Y}_{RC} = N\bar{y}_{RC} = \hat{R}_c X$	$V(\hat{Y}_{RC}) \approx \sum\limits_{h=1}^{L} \dfrac{N_h^2(1-f_h)}{n_h}(S_{yh}^2 + R^2 S_{xh}^2 - 2R S_{yxh})$

比较分别比估计和联合比估计的近似方差：

$$V(\hat{\bar{Y}}_{RC}) - V(\hat{\bar{Y}}_{RS}) = \sum_{h=1}^{L} \frac{W_h^2(1-f_h)}{n_h}(R - R_h)^2 S_{xh}^2 \geq 0$$

显然，只有当各层的比值 R_h 都等于 R 时，上式才等于 0，即两者的方差相等；否则上式都大于 0，即联合比估计的方差总是大于分别比估计。但比估计量都是有偏倚的，只有在大样本情况下，偏倚才趋于零，因此如果想采用分别比估计，就要求各层的样本量 n_h 都比较大。在实际的交通运输抽样调查中，尤其是当层数较多时，这一条件事实上是很难满足的。

因此，当各层的样本量 n_h 都比较大，能够保证各层内的估计是有效时，此时的分别比估计要优于联合比估计，尤其是当各层的比值相差较大时，分别比估计的优越性就更明显；但当某些层的样本量 n_h 不够大时，由于分别比估计的偏倚可能会导致总均方误差增大，此时采用联合比估计要更有效一些。

3. 回归估计

将回归估计技术应用于分层随机抽样时，与比估计类似，有分别回归估计和联合回归估计两种办法。

分别回归估计是指对每层样本分别计算回归估计量 $\bar{y}_{lrh}$，然后对各层的回归估计量进行加权平均得到目标估计量 $\bar{y}_{lrs}$。

联合回归估计是指对目标变量和辅助变量两个指标分别计算出总体均值或总体总值的分层简单估计量（$\bar{y}_h$ 和 $\bar{x}_h$），然后再用它们的分层简单估计量来构造回归估计得到目标估计量（$\hat{\bar{Y}}_{lrc}$）（见表3-5）。

表3-5　分别回归估计和联合回归估计的 $\bar{Y}$ 估计量及其方差

指标		估计量	方差
分别回归估计	β 为设定常数	$\bar{y}_{lrs}=\sum_{h=1}^{L}W_h\bar{y}_{lrh}$ $=\sum_{h=1}^{L}W_h\left[\bar{y}_h+\beta_h\left(\bar{X}_h-\bar{x}_h\right)\right]$	$V\left(\bar{y}_{lrs}\right)=\sum_{h=1}^{L}\frac{W_h^2\left(1-f_h\right)}{n_h}\left(s_{yh}^2+\beta_h^2 s_{xh}^2-2\beta_h s_{yxh}\right)$
	β 取样本回归系数	$\bar{y}_{lrs}=\sum_{h=1}^{L}W_h\bar{y}_{lrh}$ $=\sum_{h=1}^{L}W_h\left[\bar{y}_h+b_h\left(\bar{X}_h-\bar{x}_h\right)\right]$	$V\left(\bar{y}_{lrs}\right)=\sum_{h=1}^{L}\frac{W_h^2\left(1-f_h\right)}{n_h}s_{yh}^2\left(1-\rho_h^2\right)$
分别回归估计	β 为设定常数	$\hat{\bar{Y}}_{st}=\bar{y}_{st}=\sum_{h=1}^{L}W_h\bar{y}_h$ $\hat{\bar{X}}_{st}=\bar{x}_{st}=\sum_{h=1}^{L}W_h\bar{x}_h$ $\hat{\bar{Y}}_{lrc}=\bar{y}_{st}+\beta\left(\bar{X}-\bar{x}_{st}\right)$	$V\left(\bar{y}_{lrc}\right)=\sum_{h=1}^{L}\frac{W_h^2\left(1-f_h\right)}{n_h}\left(s_{yh}^2+\beta^2 s_{xh}^2-2\beta s_{yxh}\right)$
	β 取样本回归系数	$\hat{\bar{Y}}_{st}=\bar{y}_{st}=\sum_{h=1}^{L}W_h\bar{y}_h$ $\hat{\bar{X}}_{st}=\bar{x}_{st}=\sum_{h=1}^{L}W_h\bar{x}_h$ $\hat{\bar{Y}}_{lrc}=\bar{y}_{st}+b\left(\bar{X}-\bar{x}_{st}\right)$	当各层样本量采取比例分配时， $V\left(\bar{y}_{lrc}\right)=\sum_{h=1}^{L}\frac{W_h^2\left(1-f_h\right)}{n_h}\left(s_{yh}^2+b^2 s_{xh}^2-2b s_{yxh}\right)$

对于分别回归估计中 β_h 为设定常数的情形，当且仅当 $\beta_h = \dfrac{S_{xyh}}{S_{xh}^2}$ 时，$V(\bar{y}_{lrs})$ 达到最小，且 $V_{\min}(\bar{y}_{lrs}) = \sum\limits_{h=1}^{L} \dfrac{W_h^2\,(1-f_h)}{n_h}\left(s_{yh}^2 - \dfrac{S_{xyh}^2}{S_{xh}^2}\right)$。

对于联合回归估计中 β 为设定常数的情形，当且仅当 $\beta = \dfrac{\sum\limits_{h=1}^{L} W_h^2\,(1-f_h)\,S_{xyh}/n_h}{\sum\limits_{h=1}^{L} W_h^2\,(1-f_h)\,S_{xh}^2/n_h}$ 时，$V_{\min}(\bar{y}_{lrc}) = \sum\limits_{h=1}^{L} \dfrac{W_h^2\,(1-f_h)}{n_h}\,(s_{yh}^2 - b^2 S_{xh}^2)$。

比较分别回归估计和联合回归估计。为了简单起见，这里只针对分别回归估计和联合回归估计的最小方差 $V_{\min}(\bar{y}_{lrs})$ 和 $V_{\min}(\bar{y}_{lrc})$ 进行比较：

$$V_{\min}(\bar{y}_{lrc}) - V_{\min}(\bar{y}_{lrs}) = \sum_{h=1}^{L} \frac{W_h^2(1-f_h)}{n_h}\left(\frac{S_{xyh}^2}{S_{xh}^2} - b^2 S_{xh}^2\right) = \sum_{h=1}^{L} a_h(b_h - b)^2 \geqslant 0$$

因此，当 β_h 和 β 为设定常数且均取最优值时，分别回归估计由于联合回归估计，尤其是当各层的回归系数相差较大时，分别回归估计的优越性就更加明显。

当 β_h 和 β 需要由样本进行回归估计时，判断这两种回归估计方法的优劣比较复杂。但一般来讲，如果各层的样本量不太小，且各层的回归系数相差较大时，采用分别回归估计较为适宜；如果各层的样本量不大，且各层的回归系数大致相同，采用联合回归估计较为适宜。

4. 事后分层

事后分层技术的采用要求层权 W_h 是已知的或者是可以通过某种途径获得的；当层权 W_h 未知而需要进行估计时，应当确保层权的估计值与实际的层权相差甚小。

此时，设总样本量为 n，落入第 h 层的样本数为 n_h，有 $\sum\limits_{h=1}^{L} n_h = n$，则总体均值 $\bar{Y}$ 的事后分层估计为：

$$\bar{y}_{pst} = \sum_{h=1}^{L} W_h \bar{y}_h = \sum_{h=1}^{L} W_h\left(\frac{1}{n_h}\sum_{i=1}^{n_h} y_{hi}\right)$$

其方差 $V(\bar{Y})$ 的事后分层估计为：

$$V(\hat{\bar{Y}}_{pst}) = \sum_{h=1}^{L} \frac{W_h^2 S_h^2}{n_h}(1-f_n) = \sum_{h=1}^{L} \frac{W_h^2 S_h^2}{n_h} - \frac{1}{N}\sum_{h=1}^{L} W_h S_h^2$$

当 n 充分大时，$E\left[V(\hat{\bar{Y}}_{pst})\right] \approx \dfrac{1-f}{n}\sum\limits_{h=1}^{L} W_h S_h^2 + \dfrac{1}{n^2}\sum\limits_{h=1}^{L}(1-W_h)S_h^2$。其中的第

一项恰恰是比例分配分层抽样估计量的方差，而第二项则表示因事后分层引起的方差的增加量。因此，当 n 足够大时，事后分层的精度相当于比例分配事先分层的精度。

六、分层随机抽样精度分析

1. 抽样误差来源

对于分层抽样来讲，它把总体差异分解成了层内差异和层间差异两部分。由于对层而言，它是全面调查，因而其抽样误差大小与层间差异无关，只取决于层内差异水平。因此，总体差异中的层间差异比重越大，分层抽样的误差就越小，分层的效果就越好。

2. 同简单随机抽样的比较

实际抽样调查中，在总样本量相同的条件下，通常分层随机抽样比简单随机抽样的精度要高。但值得注意的是，由于分层随机抽样的精度与层的构造以及样本量在各层的分配有关，因此当层的构造或样本量分配不合理时，可能会导致分层随机抽样的精度比简单随机抽样的精度还要差。

设简单随机抽样、比例分配分层随机抽样、Neyman 最优分配分层随机抽样的均值估计量的方差分别为 V_{srs}、V_{prop}、V_{opt}，其中 $V_{srs} = \dfrac{1-f}{n}S^2$，$V_{prop} = \dfrac{1-f}{n}\sum\limits_{h=1}^{L}W_hS_h^2$，

$$V_{opt} = \dfrac{1}{n}(\sum_{h=1}^{L}W_hS_h)^2 - \dfrac{1}{N}\sum_{h=1}^{L}W_hS_h^2。$$

对上述的方差公式进行分解计算可以发现，当分层合理（即层内方差小于层间方差）且各子总体规模 N_h 足够大时，三者满足 $V_{opt} \leq V_{prop} \leq V_{srs}$，即最优分配分层随机抽样的精度最高，其次是比例分配分层随机抽样，精度最差的是简单随机抽样。

3. 层权误差对估计量的影响

在确定各层样本量或估计总体参数时，都要用到层权 W_h，也就是说，只有确切掌握各子总体的数量 N_h，才能实现较好的样本量分配和较精确的参数估计。但在实际抽样调查中，有时 N_h 并不是确切的，而是利用以往的资料或利用经验以及样本数据等估算出来的。

第四节 其他问题

一、样本轮换设计

1. 样本轮换的提出

对于一些定期（每月、每季或每年）开展的交通运输调查，需要逐月、逐季或逐年进行调查并估计目标变量的总值或均值，同时还需要与上月、上季或上年同期进行比较。这种情况下，我们至少需要考虑以下三个问题：①对于逐期的样本是保持不变还是每次重新抽取，或者是部分保留部分替换，即样本轮换；②在估计后期的总值或均值时，是否需要利用和如何利用前期的信息来优化现期的估计；③如果采用样本轮换方法，如何确定最优的替换比例和替换方法。

当然，这些问题往往要根据实际情况来确定。如果是单纯地估计现期的情况，一般是每次都重新抽取新的样本，以避免由于抽样框陈旧而造成的估计偏差，但每一次的重新抽样并开展调查必然会增加一定的费用。若不仅要估计现期，而且还要逐期与上期进行比较，最好采用固定样本的方法。因为样本的改变将使得两期比较时不仅有时间上的动态变化，还包含着样本自身的变化。固定样本既可以消除样本因素而只观察动态的变化，同时，在连续性调查中，由于前后期的变量之间常常具有较强的相关性，所以在估计中利用前期的有关信息可以优化现期的估计。然而，样本的长期固定不变也会带来一定的负面影响，包括由于总体结构变化导致样本的代表性发生变化，以及被调查者长期接受调查而产生厌倦心理等。因此，在连续性调查中，人们往往会采用介于上述两种方法——重新抽取和固定样本之间的一种折中方法，即样本轮换。

样本轮换也称交替抽样，它是指在连续性调查中，在样本量保持不变的前提下，每隔一定时期更换部分样本单元的一种抽样方法，它既能够使样本对总体的代表性相对稳定，即样本结构与总体结构的变化保持一致，又能在一定程度上避免被调查者由于长期接受调查而产生的厌倦心理。

2. 样本轮换下的总体均值估计

假定进行连续性调查的样本量始终为 n，每期轮换时，前期样本中的 μ 个样本单元被剔除样本，同时补充同样数量的新样本，其余 m 个样本单元继续入样，

则现期样本量仍为 $n = \mu + m$。

设 $\bar{y}_t$ 为现期样本均值， $\bar{y}_{t\mu}$ 为现期新抽取 μ 个样本单元的均值（也称未拼配部分均值）， $\bar{y}_{tm}$ 为现期仍然入样的 m 个样本单元的现期均值（也称拼配部分均值）， $\bar{y}_{t-1}$ 为前期样本均值， $\bar{y}_{t-1,m}$ 为前期和现期拼配部分的样本均值。

为了估计现期总体均值 $\overline{Y}$，可分别从拼配样本和非拼配样本得到估计量，然后把两者组合起来得到最终统一的估计量。当从拼配样本估计现期总体均值 $\overline{Y}$ 时，拼配样本中 m 个样本单元是从前期 n 个样本单元组成的一个大样本中抽取的一个子样本，构成二重抽样。这些单元的前期数据是历史资料，可以利用作为辅助变量，采用比估计、回归估计、差估计等方法来提高估计的精度。

☞ 二重抽样也称二相抽样，其基本做法是分两步抽取样本：首先从总体中随机抽取一个样本量较大的样本，称为第一重（相）样本，对其进行简单调查以获取有关总体的结构或者辅助信息；其次从第一重样本中随机抽取一个样本量较小的样本，称为第二重（相）样本；最后利用抽取的第二重样本对总体所研究的目标量进行估计。

以比估计为例来进行介绍，为简化起见，假设前期和现期的总体方差均为 S^2，两期匹配样本指标的相关系数为 ρ，忽略抽样比 $f = \dfrac{n}{N}$，则可以推算得到：基于非拼配样本的估计量为 $\hat{\bar{y}}_{t\mu} = \bar{y}_{t\mu}$，方差的估计量为 $\dfrac{1}{\mu} S^2$；基于拼配样本的估计量为 $\hat{\bar{y}}_{tm} = \bar{y}_{t-1} \times (\bar{y}_{tm} / \bar{y}_{t-1,m})$，方差的估计量为 $\left[\dfrac{2}{m}(1-\rho) - \dfrac{1}{n}(1-2\rho) \right] S^2$。

将上述两个估计量用它们方差的倒数加权，组合求得最终统一的估计量为：

$$\bar{y}_t = \frac{\mu \left[\dfrac{2}{m}(1-\rho) - \dfrac{1}{n}(1-2\rho) \right]}{\mu \left[\dfrac{2}{m}(1-\rho) - \dfrac{1}{n}(1-2\rho) \right] + 1} \hat{\bar{y}}_{t\mu} + \frac{1}{\mu \left[\dfrac{2}{m}(1-\rho) - \dfrac{1}{n}(1-2\rho) \right] + 1} \hat{\bar{y}}_{tm}$$

最终统一估计量的方差为：

$$V(\bar{y}_t) = \frac{\dfrac{2}{m}(1-\rho) - \dfrac{1}{n}(1-2\rho)}{\mu \left[\dfrac{2}{m}(1-\rho) - \dfrac{1}{n}(1-2\rho) \right] + 1} S^2$$

设拼配比 $\lambda = \dfrac{m}{n}$，则上述组合估计量的方差可以写成：

$$V(\bar{y}_t) = \frac{2(1-\rho) - \lambda(1-2\rho)}{(1-\lambda)[2(1-\rho) - \lambda(1-2\rho)] + \lambda} \times \frac{S^2}{n}$$

3. 最优拼配比

当上述组合估计量的方差取最小值时，最优拼配比为：

$$\lambda_0 = \frac{m}{n} = \frac{\sqrt{2(1-\rho)}}{1 + \sqrt{2(1-\rho)}}$$

相应的方差最小值为：

$$V_{opt} = \min[V(\bar{y}_t)] = \frac{1 + \sqrt{2(1-\rho)}}{2} \times \frac{S^2}{n}$$

当 $\rho > 0.5$ 时，利用历史资料的估计量 $\bar{y}_t$ 比不利用历史资料的简单估计值具有较小的方差。在实际调查中，前期和现期的指标值之间往往具有较强的相关关系，因此使用历史资料会提高估计的精确度。对于不同的相关系数 ρ 值，对应的最优拼配比 λ_0 也有不同的取值，在估计精度方面的得益也不相同。在实际调查中，一般采用拼配比 $\lambda = 1/3$，可以整体取得较好效果。

4. 样本轮换应遵循的原则

定期对抽样调查的样本进行轮换，应遵循以下原则：

（1）代表性。一是指轮换后的新样本必须具有代表性；二是指新抽取的样本原则上必须满足与被轮换掉的原样本同类型。

（2）连续性。指样本轮换后进行抽样调查取得的资料应与样本轮换前进行调查所取得的资料连续且可比。

（3）保证必选样本单元。就是指抽样调查时必须进行调查的样本单元不参加轮换。

（4）遵循抽样原理。指在进行样本轮换时要按照抽样调查的原理来抽取被轮换掉的样本单元和补入新的样本单元。

二、缺失数据的处理

1. 缺失数据的定义和分类

缺失数据（Missing Data）是指调查中存在着一些数据缺失的情形，也就是说，调查没有获得所有样本单元的全部需要数据，通常也称为无回答（Non-response）。

按缺失内容来分，无回答可分为两种：单元无回答和项目无回答。单元无回答是指在调查中没有从样本单元获得任何调查问卷中所需要的信息；项目无回答是指在调查中被调查者只提供了调查问卷中的一部分信息。事实上，缺失数据的产生除了由于无法找到调查对象或调查对象不配合等原因导致的无回答外，还有一些是由于调查中的不可用信息引起的。调查人员在后续的逻辑审核和综合分析中，往往会发现部分信息存在明显错误，但又无法根据调查的其他内容进行合理修正，此时不可用信息就转化为无回答。如果某一样本单元调查数据整体质量极差，无法使用，我们不得不将这份调查问卷剔除，就转化为单元无回答；如果某一样本单元调查数据整体质量尚可，但可以明确判断某个问题的回答是错误的，那么我们可以只将这个错误答案剔除，就转化为项目无回答。

按调查对象的主客观意识来分，无回答又可分为有意识无回答和无意识无回答两种。有意识无回答是由于受访者对调查本身存在反感情绪，从私密性、安全性等因素考虑在主观上不愿意接受调查；无意识无回答一般与调查本身无关，由于无法联系到受访者或由于粗心遗漏掉某些问题从而造成无回答。一般认为，有意识无回答造成的无回答的影响要比无意识无回答的影响大得多，有意识无回答的样本单元往往具有一些不同于其他样本单元的数量特征。因此，有意识无回答不仅减少了有效样本量，造成估计量的方差变大，更为严重的是造成估计量的偏倚变大。而无意识无回答通常被认为是随机分布的，只会造成由于有效样本量减少而引起的方差变大，而不会带来估计量的偏倚。

2. 缺失数据的统计影响

为分析缺失数据的影响，假设总体可分为"回答层"与"无回答层"两部分："回答层"是指如果这个层的单元被抽中，就可以得到回答；"无回答层"是指如果这个层的单元未被抽中，就无法得到回答。

设总体单元数、回答层单元数和无回答层单元数分别为 N、N_1 和 N_0，则 $N = N_1 + N_0$；对应的回答率和无回答率分别为 R_1 和 R_0，则 $R_1 = \dfrac{N_1}{N}$，$R_0 = \dfrac{N_0}{N}$。此时，总体均值可记为：

$$\overline{Y} = R_1 \overline{Y}_1 + R_0 \overline{Y}_0$$

假设从总体中按简单随机抽样抽取 n 个样本单元，有 n_1 个单元来自回答层，有 n_2 个单元来自无回答层，则 $n = n_1 + n_2$。在估计总体参数时，若只根据回答的样本观测值来计算，即为 $\overline{y}_1 = \dfrac{1}{n_1} \sum\limits_{i=1}^{n_1} y_i$，这实际只是总体中回答层均值的无偏估计，即 $E(\overline{y}_1) = \overline{Y}_1$。若用 $\overline{y}_1$ 估计总体均值 $\overline{Y}$，则存在的偏倚为：

$$E(\overline{y}_1) - \overline{Y} = \overline{Y}_1 - \overline{Y} = R_0 (\overline{Y}_1 - \overline{Y}_0)$$

从上述公式可以看出，无回答造成的偏倚取决于两个方面：一是回答层与无回答层均值的差异 $\overline{Y}_1-\overline{Y}_0$；二是无回答率 R_0。若回答层与无回答层的均值相等，即 $\overline{Y}_1=\overline{Y}_0$，总体均值估计就不存在偏倚，此时的无回答只会造成实际接受调查的单元数量减少，从而引起估计方差的增大，这时只要简单地增大样本量，使有效样本单元数量与调查方案要求相一致就能消除无回答的影响。例如，假定无回答率为50%，调查所需要的样本量为1000，为了得到1000个有效样本单元，抽取的样本单元可以是2000。但如果回答层与无回答层的均值不相等，即 $\overline{Y}_1\neq\overline{Y}_0$，此时，$\overline{Y}_1$ 与 $\overline{Y}_0$ 之间的差异越大，无回答率 R_0 越高，导致的估计偏差也越大，这时只有通过降低无回答率才能降低无回答的影响。

可见，增大样本量能否有效解决无回答问题，从根本上取决于回答层和无回答层之间是否存在明显差异。例如，在公路货运调查中，联系不上的样本车辆往往是常年跑长途的，运输情况和在本地跑短途的存在明显差异。又如在居民出行调查中，容易接受调查的往往是离退休和没有工作经常在家的人员。因此，当无回答会引起估计量偏倚时，我们不能单纯地依靠增加样本量来解决问题，而应该重点考虑如何降低无回答率，尤其是有意识的无回答率。

3. 降低无回答率的措施

无回答通常是由于人为的一些原因造成的，因此要解决无回答问题，只能在事先通过一些有效的措施进行预防，这就要求在方案编制阶段给予高度重视，全面考虑降低无回答率的各种可能措施，主要包括：

（1）加强前期宣贯和动员。一项调查工作的成败在很大程度上取决于调查对象的配合程度，而只有让调查对象充分认识和理解调查的目的和意义，才能调动他们的参与意愿，因此加强前期宣贯和动员等工作就显得非常重要，在我国开展的历次经济普查、人口普查等大型调查活动中都在这方面做了大量工作，通过电视、广播、报纸、网络等各种媒介进行全方位的宣传和动员。

（2）优化调查表设计。调查表是调查组织者传递问题、调查对象反馈答案的载体，两者之间的交流是否顺畅则取决于调查表设计的质量。因此，要谨遵调查表设计的基本原则和相关要求，确保调查表方便调查对象理解和填写，不要让调查对象产生厌烦和抵触心理，从而影响调查质量。具体可参看本书第七章。

（3）严格调查员的选拔。要根据调查要求来确定调查员的选拔条件，包括调查员身份、所学专业、性别、年龄等，一般认为调查员的基本条件最好能与受访者接近或者有密切关系，在校大学生、居民委员会成员、退休工作人员、下岗工人等都是较为常用的非专职调查员人选；另外，还有一些通用性的要求，包括要有高度责任心和较强的交流沟通能力等。

（4）加强调查员的培训。由于调查员队伍都是按照调查需求临时建立起来的，因此要加强调查员的上岗前培训。在培训内容上，主要包括调查内容、调查方法、访谈技巧、责任心培养等多个方面；在培训方式上，可以采取集中授课、分组学习、视频教学等多种模式。

（5）改进调查方法。为提高样本单元的回答率，可以通过电话、短信、信函等方式事先联系调查对象，做一些解释和沟通工作，以消除受访者的顾虑，以提高随后进行正式访问的接受度。例如，在2008年开展的全国公路水路运输量专项调查中，由于增设了预调查环节，提前和调查对象进行了初步沟通，大大提高了调查效率和调查质量。对于无回答的样本单元，可以采取跟踪访问、间接访问、多次访问等方式，尽量提高样本单元的回答率。

（6）设置必要的奖励措施。考虑到调查确实需要花费受访者的时间和精力，因此应给予适当的补偿和奖励，可以采用物质和非物质的激励措施，如对面访调查采用赠送小礼品的方式，对集体单元采用表彰等方式，对邮寄调查采用抽奖等方式。

（7）替换样本单元。对于经过努力仍然未果而不得不选择放弃的无回答样本单元，需要抽取替换样本单元，以使接受调查的样本单元数不低于调查方案设计要求。替换样本单元应遵循一些基本原则：一是替代者和被替代者应属于某一类型，具有相同或相似的特征，在分层抽样中往往随机抽取同一层中样本单元进行替代；二是替换的原则和程序应该事先确定，一般在调查方案中就会予以明确，不能在发生无回答时由调查员主观选择；三是要控制替换样本单元的比例，否则会引起意想不到的系统性偏差。

4. 无回答的加权调整法

（1）加权调整法的基本思想。加权调整法是处理缺失数据的一类方法，其基本思想是增大调查中有观测数据的权数，以减小由于缺失数据可能对估计量带来的偏差。这一方法主要用于处理单位无回答。

当没有缺失数据时，用样本数据对总体总值进行估计的公式为：

$$\hat{Y} = \sum_{i=1}^{n} w_i y_i = \sum_{i=1}^{n} \frac{y_i}{\pi_i}$$

其中，y_i 为样本中第 i 个单元的观测值，w_i 为样本中第 i 个单元的权数，满足 $\sum_{i=1}^{n} w_i = N$ 和 $w_i = \frac{1}{\pi_i}$。

由于调查中的无回答，即部分 y_i 的观测值缺失，就需要对原来的权数 w_i 进行调整，用 w_i^* 表示调整后的权数，则有：

$$w_i^* = w_i \times \varphi_i = \frac{1}{\pi_i p_i}$$

其中，p_i 表示样本中第 i 个单元的回答概率，φ_i 是权数调整因子，满足 $\varphi_i = \frac{1}{p_i}$。

于是有总体总值估计：

$$\hat{Y} = \sum_{i=1}^{n_1} w_i^* y_i$$

（2）加权组调整法。首先像分层那样将容量为 n 的样本划分为 H 个互不重叠的子集，把这些子集称为"调整组"，用下标 h 表示。令 w_{hi} 为样本中第 h 组中第 i 个单元的基础权数。假设在同一调整组内，各样本单元回答概率相同，则该组回答概率 P_{hi} 的估计为：

$$\hat{P}_{hi} = \frac{\sum_{i=1}^{n_{1h}} w_{hi}}{\sum_{i=1}^{n_h} w_{hi}}$$

其中，n_h 是第 h 组的样本量，n_{1h} 是第 h 组中回答单元的个数，$\hat{P}_{hi}$ 是第 h 组第 i 个单元回答概率的估计值，它是该组所有回答单元权数之和与该组所有单元权数之和的比值。于是，第 h 组第 i 个回答单元的权数调整因子为 $\varphi_{hi} = \frac{1}{\hat{P}_{hi}}$，因此第 h 组第 i 个回答单元的最终权数为：

$$w_{hi}^* = w_{hi} \times \varphi_{hi} = w_{hi} \times \frac{\sum_{i=1}^{n_h} w_{hi}}{\sum_{i=1}^{n_{1h}} w_{hi}}$$

当 $\hat{P}_{hi} = 1$ 时，调整前和调整后的权数没有区别；若存在无回答，即 $\hat{P}_{hi} < 1$，则有 $w_{hi}^* > w_{hi}$，表明由于无回答单元无法提供信息，有关无回答单元的信息被分摊到回答单元的身上。若采用等概率抽样设计，即 $w_{hi} = \frac{N}{n}$，则 $\hat{P}_{hi} = \frac{n_{1h}}{n_h}$。

此时，总体均值的加权组估计量 $\hat{\bar{Y}}_{wc}$ 为：

$$\hat{\overline{Y}}_{wc} = \sum_{h=1}^{H} W_h \hat{\overline{Y}}_{1h} = \sum_{h=1}^{H} \frac{N_h}{N} \frac{\sum_{i=1}^{n_{1h}} w_{hi}^* y_{hi}}{\sum_{i=1}^{n_{1h}} w_{hi}^*}$$

上述调整的关键是假定所划分的调整组内各单元的回答概率 P_{hi} 相等。为了减小估计的偏差，就要通过调整，使组内回答单元和无回答单元的均值尽可能相等。这里，将调整组样本单元在"回答概率"和"目标变量观测值"上的相似性统称为单元的同质性。因此，调整后得到的估计效果在很大程度上取决于所划分的调整组内单元的同质程度。

（3）事后分层调整法。事后分层中层的划分一般在调查实施后进行，这主要是因为用于分层的辅助信息往往需要通过调查获得。当没有缺失数据，即所有被调查单元都给出回答时，通过对所有样本单元进行事后分层调整，可以使各层样本单元的相对频数分布与各层的总体分布一致，从而减小抽样误差。当出现单元无回答时，由于无回答单元可用于分层的辅助信息同时缺失，因此往往先对回答单元进行加权组调整，使其能够代表无回答单元；然后对回答单元进行事后分层，得到最终权数。这样不仅可以减小无回答误差，还可以减小抽样误差。

5. 无回答的插补法

（1）插补法的基本思想。插补法是处理缺失数据的另一类方法。所谓"插补"是指给每一个缺失数据相应的替代值，这样可以得到"完整的数据集"，然后采用标准的完全数据统计方法进行数据分析和推断，这些替代值称为插补值。这一方法主要用于处理项目无回答，可以为每个项目的缺失数据寻找一个插补值，称为单一插补；也可以寻找多个插补值，称为多重插补，但较为复杂，这里仅介绍单一插补。

单一插补法的基本模型为：

$z_i = f(X_i) + e_i$

其中，z_i 是插补值，X_i 是第 i 个无回答单元的辅助变量，f 是辅助变量的某一函数，e_i 是残差。

由上式看出，单一插补是对每个缺失值，用假设某个分布中的平均值或从中抽取一个值填充缺失值。它以观测数据为基础，为插补创建一个假设分布。分布合理时，插补可以取得比较好的效果。具体插补方法有：均值插补、比率插补、回归插补、最近距离插补。

（2）均值插补。假设调查中的缺失数据是由于无回答造成的。所谓均值插补，就是用调查中有回答单元的均值代替无回答的缺失值，这是最简单和最常用的插补方法，主要分单一均值插补和分层均值插补两种做法。

1）单一均值插补。单一均值插补是指对所有缺失值，用所有回答单元观测值的均值 $\bar{y}_1$ 进行插补，则有：

$$\bar{y}_1 = \frac{\sum_{i=1}^{n} a_i y_i}{n_1}$$

其中，a_i 为回答示性向量，$a_i = 1$ 为有回答，$a_i = 0$ 为无回答；n_1 为回答单元数。此时，总体均值的估计为：

$$\hat{\bar{Y}} = \frac{1}{n} \sum_{i=1}^{n} \left[a_i y_i + (1 - a_i) \bar{y}_1 \right] = \frac{n_1}{n} \bar{y}_1 + \frac{n - n_1}{n} \bar{y}_1 = \bar{y}_1$$

显然，插补后的总体均值估计就是回答单元观测值的均值。

而插补后的样本方差为：

$$s^2 = \frac{1}{n-1} \sum_{i=1}^{n} \left[a_i (y)_i - \hat{\bar{Y}})^2 + (1 - a_i)(y_1 - \hat{\bar{Y}})^2 \right] = \frac{n_1 - 1}{n - 1} s_1^2$$

其中，s_1^2 是回答单元的样本方差。在完全随机缺失的假定下，s_1^2 是总体方差的相合估计。但是由于插补值是来自分布中心的数值，因此扭曲了变量的经验分布，造成插补后估计量方差的低估。

2）分层均值插补。在进行插补之前，利用辅助信息，对总体进行分层，使各层中的单元尽可能相似，然后在每一层中，用该层有回答单元的均值插补该层无回答的缺失值，这一方法被称为分层均值插补。显然，分层均值插补比单一均值插补更为精细。

分层均值插补的总体均值估计可以写为：

$$\hat{\bar{Y}} = \frac{1}{n} \sum_{h=1}^{H} \left\{ \sum_{i=1}^{n_h} \left[a_i y_i + (1 - a_i) \bar{y}_1 \right] \right\} = \frac{1}{n} \sum_{h=1}^{H} n_h \bar{y}_{1h}$$

其中，H 表示层数；n_h 表示第 h 层中的样本量；$\bar{y}_{1h}$ 表示第 h 层中回答单元的均值。通过分层，使层内各单元有更高的同质性，有助于提高均值插补的效果。

但这种插补方法的方差估计与单一均值插补类似，按标准方差计算公式会低估估计量的方差。所以均值插补方法比较适合进行简单的描述性研究，而不适合较复杂的需要方差估计的分析。

（3）比率插补。如抽样调查中的比率估计一样，比率插补是根据目标变量 Y 和辅助变量 X 之间的相互关系，建立比率模型，然后依据已有的辅助变量 X 的信息，对相应的目标变量 Y 进行插补。

假设抽取容量为 n 的样本，在调查中第 i 个单元目标变量 y_i 缺失，但辅助信息 x_i 存在，则 y_i 的比率插补值为 $\hat{\beta} x_i$，β 为反映变量 Y 和变量 X 关系的比率，其估计值为：

$$\hat{\beta} = \frac{\sum_{i=1}^{n} a_i y_i}{\sum_{i=1}^{n} a_i x_i}$$

用 $\hat{\beta} x_i$ 对缺失值进行插补后，目标变量的均值估计为：

$$\hat{\overline{Y}} = \frac{1}{n} \sum_{i=1}^{n} \left[a_i y_i + (1 - a_i) \hat{\beta} x_i \right] = \frac{1}{n} \left[\sum_{i=1}^{n} a_i y_i + \frac{\sum_{i=1}^{n} a_i y_i}{\sum_{i=1}^{n} a_i x_i} \sum_{i=1}^{n} (1 - a_i) x_i \right]$$

（4）回归插补。回归插补是比率插补的扩展，比率插补是回归线经过原点的回归插补。令 β 为 Y 对 X 的回归系数，$\hat{\beta}$ 是 β 的最小二乘估计，即样本回归系数：

$$\hat{\beta} = \frac{\sum_{i=1}^{n} (y_i - \overline{y})(x_i - \overline{x})}{\sum_{i=1}^{n} (x_i - \overline{x})^2}$$

则回归插补值 y_i^* 可以写为：

$y_i^* = \overline{y}_1 + \hat{\beta}(x_i - \overline{x}_1)$

其中，$\overline{y}_1$ 为样本中回答单元 y 的均值，$\overline{x}_1$ 为与之对应 x 的均值。

插补后目标变量的估计为：

$$\hat{\overline{Y}} = \frac{1}{n} \sum_{i=1}^{n} \left[a_i y_i + (1 - a_i) y_i^* \right]$$

（5）最近距离插补。最近距离插补是根据研究对象在辅助变量上的接近程度来选择赋值单元，即利用辅助变量定义一个测量单元间距离的函数，在无回答单元邻近的回答单元中，选择满足所设定的距离条件的，辅助变量中的单元所对应的变量 Y 的回答单元作为插补值。

三、零样本的处理

零样本是指在抽样调查中某些样本观测值 y_i 为 0 的样本单元。由于一次抽样调查往往会获取不止一个目标变量，因此当对于某一个目标变量是零样本时，对于其他目标变量不一定都是零样本。例如，在公路货运车辆调查中，某一样本车辆在调查期内有出行但并没有完成货物运输，因此对于该样本车辆，其货运量、货物周转量、载运行程等指标均为 0，但其总行程、燃料消耗量等指标却不为 0。当目标变量为实载率、吨位利用率、里程利用率、百车公里燃油消耗量、百吨公里燃油消耗量等效率指标时，情况就变得有些复杂了。在公路货运车辆调查的例子中，当样本车辆没有完成货物运输但有出行时，实载率、里程利用率、百车公里燃油消耗量为 0，吨位利用率和百吨公里燃油消耗量这两个指标就无法计算，因为其计算公式的分母为 0 且分子不为 0；当样本车辆既没有完成货物运输也没有出行时，即调查期内样本车辆处于完全停止的状态，此时，货运量、货物周转量、载运行程、总行程、燃料消耗量等指标均为 0，实载率、里程利用率、百车公里燃油消耗量、吨位利用率和百吨公里燃油消耗量等指标无法计算，因为其计算公式的分子和分母都是 0。因此，在交通运输抽样调查中，我们需要根据调查目的和调查内容进行研究分析，确定合适的目标变量及相应的推算方法。

对于零样本时可计算的目标变量，即样本观测值 y_i 为 0，其处理方法一般有两种：一是视同处理；二是事后分层处理。

对于视同处理，就是将零样本和非零样本一视同仁，均作为一个有效的样本观测值参与到总体参数的估计中。简单随机抽样的简单估计如下：

总体均值 $\overline{Y}$ 的无偏估计为：

$$\hat{\overline{Y}} = \overline{y} = \frac{1}{n} \sum_{i=1}^{n} y_i$$

对应方差的无偏估计为：

$$V(\overline{y}) = \frac{1-f}{n} s^2$$

对于事后分层处理，就是在抽样调查实施后，根据调查数据将零样本和非零样本分为独立的两个子层，按照分层抽样方法进行估计。设总体容量为 N，样本容量为 n，零样本数量为 n_0，非零样本数量为 n_1，非零样本层的权重为 w_1，非零样本层的抽样比为 f_1，非零样本层的方差为 s_1^2，分层随机抽样的简单估计如下：

总体均值 $\overline{Y}$ 的估计为：

$$\hat{\overline{Y}}_{pst} = w_1 \overline{y}_1 = w_1 \frac{1}{n_1} \sum_{i=1}^{n_1} y_{1i}$$

其中，$\overline{y}_1$ 为非零样本层的样本均值。

对应方差的估计为：

$$V(\hat{\overline{Y}}_{pst}) = w_1^2 \frac{1-f_1}{n_1} s_1^2$$

此时，只有当非零样本层的权重 w_1 为已知时，上述总体均值的事后估计值 $\hat{\overline{Y}}_{pst}$ 为无偏估计，且事后分层处理时的估计方差小于视同处理时的估计方差。但在实际抽样调查中，非零样本层的权重是很难准确掌握的，导致这一方法的使用受到限制。

对于零样本时不可计算的目标变量，即该样本观测值计算公式中的分母为 0，此时，该目标变量就不宜作为估计量进行直接估计，而需要通过其他目标变量的估计来计算出该变量，尤其是遇到分母为 0 但分子有可能不为 0 的情况。例如，百吨公里燃油消耗量指标，我们通常是分别对燃油消耗总量和货物周转量进行估计，然后利用"百吨公里燃油消耗量＝燃油消耗总量/货物周转量×100"的计算公式得到百吨公里燃油消耗量。然而，对于实载率、里程利用率、百车公里燃油消耗量、吨位利用率等指标的计算公式，当分母为 0 时，分子必然也为 0，此时的估计方法可以进行简化。

四、异常值的识别

在数据审核时，除了逻辑检查外，数据还应进行统计检查，对样本数据分组计算均值和标准差，将那些偏离平均数特别大的数据进行检查（通常采用 3σ 原则进行筛选），若确信原始数据有误则进行适当处理，或改正或删去。

☞ 3σ 原则——如果随机变量 Y 服从正态分布 $N(\mu, \sigma^2)$，则有 $P(\mu-3\sigma \leq y \leq \mu+3\sigma) = 99.7\%$，即 Y 取值落在区间 $[\mu-3\sigma, \mu+3\sigma]$ 内的概率达到 99.7%；反之，Y 取值落在上述区间之外的概率仅为 0.3%，可以视为小概率事件（概率论认为：在一次试验中，小概率事件不应该发生）。因此，我们在检查原始数据时，通常将 3σ 区间以外的数据作为异常数据予以改正或删除。例如，目标变量 Y 的总体均值为 $\overline{Y} = 6000$，标准方差 $\sigma = S(\overline{Y}) = 300$，此时，落在区间 [5100，6900] 以外的样本数据作为异常数据，应予以重点检查。

第四章 企业"一套表"在运输量
统计中的应用

第一节 工作背景

2011 年，国家统计局大力推行统计"四大工程"建设。所谓"四大工程"包括四项重点工作：一是要建设一个真实完整、及时更新的统一的单位名录库（基本单位名录库是基础）；二是要建立统一规范、方便企业填报的企业统计报表制度（"企业一套表"改革是核心）；三是建设功能完善、统一兼容的统一数据采集处理软件系统（统一的数据采集处理软件系统是平台）；四是建立统一高效的统计联网直报系统（联网直报是手段）。"四大工程"是国家统计局从深化统计改革、推进统计事业的发展、提高统计数据的质量、提高统计能力、提高政府统计的公信力，推进统计工作的规范统一、改革创新和公开透明而采取的重要措施和重点推进的工作。2014 年，国务院办公厅转发国家统计局文件《关于加强和完善部门统计工作的意见》（国办发〔2014〕60 号），要求各部门按照规范统一的要求，参照"四大工程"建设的宗旨，加快建设制度完善、方法科学、过程可控、信息化程度较高的部门统计调查体系。

近年来，交通运输统计工作取得了长足发展，统计领域不断拓展、统计手段不断创新，统计服务水平也在不断提高。但同时也面临着综合统筹不够、基层基础薄弱、数据公信力有待提升等突出问题。"十三五"以来是我国步入全面建成小康社会的关键时期，也是交通运输行业调整结构、转型升级的关键时期，大部门制改革要求建立综合交通运输统计体系；国家统计改革要求进一步加强和改进部门统计工作；信息化和大数据时代要求创新统计工作理念、变革数据生产流程；适应新常态、引领新常态对交通运输经济运行分析提出了更高要求；国家重大战略的实施以及行业转型发展要求交通运输统计提供更加科学、及时、可信的统计产品和服务。

针对目前交通运输行业统计发展现状和存在的主要问题，结合行业发展所面临的新形势和新要求，为充分发挥统计工作在服务行业的管理要求、服务经济的社会发展、服务公众需求的基础性、导向性作用，2016年3月，交通运输部印发了《交通运输统计发展纲要》，明确提出将推进公路水路交通运输企业"一套表"和联网直报作为"十三五"及今后一段时期内，交通运输统计改革发展的重要抓手和重点任务。2017年4月，交通运输部印发了《公路水路交通运输企业"一套表"联网直报实施方案》（征求意见稿），11月，交通运输部办公厅印发了《关于交通运输企业统计实行一套表联网直报工作安排的通知》，明确提出按照"稳步推进、成熟先行、试点示范、逐步推广"的思路，自2018年起先期选择条件相对成熟、行业集中度高的公路客运站、城市客运、港口、海洋运输四大领域推进"一套表"联网直报试点工作。在试点工作试行一年后，于2019年全面推广"一套表"联网直报。至今，全国已有6万余家公路水路经营业户参与了"一套表"联网直报的数据报送工作。

第二节　工作目标

按照国家统计局完善部门统计工作的要求，着眼于从根本上推动解决目前交通运输行业统计存在的统计指标交叉重复、基本单位管理不规范、数据生产过程不透明等统计痼疾，未来行业统计需要以企业"一套表"联网直报工作为依托，着力打造"基础规范、制度精简、流程透明、质量可控"的一体化交通运输统计体系。

1. 基础规范

要夯实行业统计调查的工作基础，建立规范统一、更新及时、衔接有效的基本单位名录库和车船名录库。设计科学合理的业务操作流程，推动行业统计工作业务流程不断实现规范化。

2. 制度精简

加强报表制度设计的科学性，对企业统计内容统一进行顶层设计，整合相关报表制度，尽量避免重复统计和交叉统计。

3. 流程透明

部级层面组织设计开发统一的数据采集处理软件平台，实现所有针对企业调查数据的统一平台处理。统一实施企业联网直报，改变传统的"层层汇总、层层上报"的生产流程，确保数据生产流程的透明化。

4. 质量可控

依托科学管理的基本名录库和规范统一的业务操作流程，提升统计数据生产基础工作的规范性。依托统一开发的数据采集处理软件平台和联网直报，确保企业填报的原始数据"一级平台报送、多级机构监管"。

从工作推进要求来看，交通运输部 2016 年印发的《公路水路交通运输统计发展纲要》中明确提出，"十三五"时期，建成真实全面、定期更新的统计基本单位名录库，建成以"一套表"制度为载体、以联网直报为主渠道、业务流程透明的公路水路交通运输企业数据采集与处理体系。2020 年，行业统计中涉及企业的统计指标，纳入"一套表"制度的比例超过 90%；规模以上公路水路交通运输企业联网直报率超过 90%。

第三节　重点任务

1. 建立统一规范管理的基本单位名录库

充分考虑行业日常统计、周期性专项调查、常规性抽样调查对抽样框的需求，依托交通运输业经济统计专项调查建立起来的基本单位名录库和车船库，统筹利用道路运政联网系统、船舶管理信息系统等行业管理业务系统库以及国家统计局掌握的名录库资源，推动建立起规范统一、动态更新的行业统计基本单位名录库，在为各类统计调查提供科学完备的单位库和抽样框的同时，为行业管理精细化提供基础支撑。

2. 统一设计企业调查统计报表制度

在满足现有统计需求基础上，对现行分散于不同统计报表制度中针对企业的多张统计报表进行重新整合设计，按照"全面打散，重新组合"的思路，重新搭建起针对企业的统计内容框架。初步考虑"一套表"中企业统计的内容框架将设计"基本情况""财务状况""生产经营情况""能耗情况""企业生产经营景气"等多个板块。在此框架下，再统一设计统计指标、统一规范指标口径和内涵，从报表制度顶层设计上确保统计的规范性。

3. 制定统一规范的业务操作流程

根据新的数据生产流程制定规范统一的交通运输统计业务管理流程，包括从制度设计、系统开发、任务部署、数据审核上报等全流程和各个业务环节，建立从企业—县—市—省—部的全过程管理的统一规范的行业统计业务流程。其中需要明确部内综合统计与专业统计、部与省、省与地市等不同部门的职责定位和工作边界，建立"权责明晰、互联互通"的统一协调机制。

4. 开发统一的数据采集处理软件平台

开发交通运输统计企业"一套表"统一数据采集处理软件平台，推动行业调查企业在统一的数据采集处理平台上操作所有的数据采集填报工作，实现现行企业统计调查数据采集处理软件平台的逐步统一规范。调查单位要依托统一开发的数据处理软件平台，按行业主管部门的统一要求，在线填写报表、审核和上报数据、接受数据查询、修正数据等工作。各级行业主管部门要依托统一开发的数据采集处理软件平台，分专业按职责权限对数据进行审核和验收，对审核未通过的数据进行查实。

5. 统一组织实施联网直报

实现所有企业统计调查数据统一联网直报，确保来自企业填报的原始数据通过透明化的生产流程，直接上报到交通运输部。各级行业主管部门可以查看审核本级所辖企业上报数据，但无权编辑和修改，所有数据修改处理流程均有迹可查，确保企业填报的原始数据不受外界干扰，能够实现"一级平台报送、多级机构监管"，真正做到"一数到顶、多方共享"。

第四节　运输量统计应用

1. 建成涵盖公路水路运输领域的基本单位名录库，为开展基于业户调查的运输量统计提供样本框

通过多年的努力，目前已经基本建成交通运输基本单位名录库，摸清公路水路行业微观主体规模。交通运输基本单位名录库是实施企业统计工作的基础数据库。按照"不重不漏、真实准确、部省共建、定期更新"的要求，基本建成了涵盖公路运输、水路运输、城市客运、港口等子行业的 50 万余家基本单位名录库，摸清了公路水路行业微观主体规模，为顺利开展"一套表"联网直报、推动建立基

于业户调查的运输量统计体系、提高确保统计数据质量奠定了坚实基础。

为进一步推动基本单位名录库在运输量统计中的应用，在名录库专项清理工作的基础上，交通运输部着力推动了名录库定期更新工作，并以统计调查报表制度的形式进行了明确。目前基本单位名录库已经实现了月度动态更新。

2. 在海洋运输、城市公共汽电车、城市轨道、城市客运轮渡等子领域实现了依托企业"一套表"联网直报数据直接汇总统计运输量

交通运输部推进企业"一套表"时，选择的是从一些管理较为规范、集中度较高的子行业开始推进的，也使得这些行业具备了较好的推广应用基础。

截至目前，海洋客货运输、城市公共汽电车、城市轨道、城市客运轮渡四个领域已经基本实现了，直接依托企业"一套表"联网直报系统生成运输量统计数据。这些行业纳入统计范围的经营业户，直接依托企业"一套表"联网直报系统报送数据，各级行业主管部门可以按照管辖范围，对企业上报数据进行汇总，直接生成行业统计的运输量数据。目前全国有海洋客运 231 家、海洋货运 1973 家、城市公共汽电车 4322 家，城市轨道交通 66 家、城市客运轮渡 30 家经营业户纳入企业"一套表"运输量联网直报统计体系。

3. 公路客运领域多数省份已经实现了依托"一套表"企业直报数据汇总生成运输量，公路货运领域实现"规上全面调查+规下波动推算"

与其他行业相比，公路运输领域经营业户较多，也更加分散，特别是公路货物运输。截止到 2019 年底全国公路客运经营业户有 3.2 万户，其中个体经营业户 2.0 万户，占地达到 62.5%。共有道路货运经营业户 388.4 万户，其中个体经营业户 337 万户，个体经营业户占比达到 86.7%。

2020 年，交通运输部印发了《关于进一步完善运输量统计方法的通知》，明确提出公路旅客运输量采用"企业全面调查+个体户推算"的方法进行统计，即获得公路旅客运输经营许可，依法从事公路旅客运输业务（不含租赁客运）的所有公路客运企业利用企业"一套表"联网直报系统报送运输量数据。公路客运个体经营业户旅客运输量数据采用类比推算的方法，利用相近企业平均每客位完成的运输量与个体车辆的客位数进行推算。道路货物运输量采用"规上企业全面调查+规下业户波动推算"的方法进行统计，即主营道路货物运输、年营业收入在 1000 万元以上且拥有货运车辆数在 50 辆及以上的规模以上道路货运法人企业，依托企业"一套表"联网直报系统报送运输量数据；规模以下业户运输量以上一年 9 月为基月，结合高速公路车货总重（车货总重×行驶里程）、普通国省道货车交通量等参数波动情况进行推算。

第五章　波动系数法在运输量日常统计中的应用

第一节　波动系数法概述

波动系数法是目前公路水路运输量日常统计当中较为常用的方法，通常是在不具备开展全面统计、抽样调查的条件下，获得运输量总量的一种数据推算方法。其主要推算思路是选取其他来源的数据作为辅助指标，用辅助指标的变化趋势来表征运输量的变化趋势。

月度波动系数是指以某一月（基月）的运输量为基数，其他月份的运输量与该值的比值，具体包括运量波动系数和周转量月度波动系数。

在日常运输量统计，也就是非专项调查月的运输量统计中，一般会采用波动系数法进行推算。推算的方式就是利用基月的运输量结合当前统计期的波动系数推算获得。基月运输量一般是指每2~3年开展的一次抽样调查获得的运输量总量或者是提前确定的某一年度的某个月份统计的运输量总量。波动系数的计算公式包括：

1. 符号标记

H	非调查月度运量（周转量）
H_d	调查月度运量（周转量）
C	非调查月度辅助指标
C_d	调查月度辅助指标

2. 推算公式

非调查月度运量（周转量）：$H = H_d \times \dfrac{C}{C_d}$

第二节 波动系数法的设计

一、波动系数指标的选取原则

作为波动系数的辅助指标需要能够表征运输量的变化趋势，其在选取上需要遵从以下几个原则：

1. 代表性

由于波动系数需要表征运输量的变化情况，就要求辅助指标能够有较强的代表性，能够代表运输量的变化情况：一是辅助指标所表征的情况能够与运输活动高度相关，如选取高速公路上的运输情况代表地区运输量；二是能够代表运输总量的变化，要求波动系数中监测的样本量需要足够大，如利用监测典型企业运输量来作为波动系数时，选择 1~2 家典型企业作为样本时，可能会受到样本企业自身经营情况而导致运输量发生变化，那么就很难代表地区总体的运输量变化情况。

2. 可得性

数据的可得性是指辅助指标的数据需要比较容易获得，一般利用交通运输管理部门的行政业务记录是比较好的选择，由于行政记录数据本身就归属于政府部门所有，通过部门间的协调可以比较容易获得数据。由于运输量的统计工作需要保障数据的稳定性和连续性，对于掌握在企业或其他行业管理部门手中的数据来源，则需要在建立起稳定的数据共享机制后再考虑引入波动系数模型，对于无法稳定获得的数据来源要慎重考虑。

3. 时效性

由于月度运输量数据需要报送至国家统计局，并用于行业经济运行分析工作，因此数据统计的及时性要求非常高，现行统计工作中，要求每月 5 日前需完成各省上月运输量的全部报送工作，再考虑到部省两级的数据审核评估时间，以及月末和月初的一些节假日的时间占用，一般需要波动系数的辅助指标数据能够在每月月底前及时生产出来，这样才能保证运输量数据的时效性。因此，在实际应用当中可能会将辅助指标的数据汇总时间提前，打破自然月的统计周期，通常采用上个月 26 日至本月 25 日作为当前统计周期。

二、波动系数法计算调整

如果在实际应用中将辅助指标的数据汇总时间提前，通常采用上个月 26 日至本月 25 日作为当前统计周期。考虑到每个自然月的天数不同，因此在计算时，需要在模型中进行调整。调整的方法是在波动系数计算公式后面增加调整项，如下列公式所示：

$$H = H_d \times \frac{C}{C_d} \times \frac{T_1}{T_2}$$

其中，T_1 为非调查月度日历天数，T_2 为统计天数，即上月 26 日至本月 25 日的天数。

三、多种辅助指标的波动系数法

波动系数中，辅助指标又包括单一数据来源和多个数据来源。利用单一数据来源的数据作为波动系数时，其代表性往往会出现一定的偏差。如在利用高速公路收费数据作为波动系数时，由于高速公路施工改造、封闭措施、暂时的雨雪天气会导致部分高速路段暂时不可用，还有部分地区高速公路收费制度调整，如高速分时段货车优惠政策、取消二级路收费政策都会使得车流量在高速和普通国省道中出现较大的分流，所以，这段时间的高速公路运输数据的波动并不代表整个地区的运输波动情况。因此，可以考虑多种具有代表性的数据同时作为波动系数的来源，增加推算数据的稳定性和代表性，不同来源的波动系数可通过加权的方式进行计算。具体形式为：

$$H = H_d \times w_1 \frac{C^1}{C_d^1} \times w_2 \frac{C^2}{C_d^2} \times \cdots \times w_n \frac{C^n}{C_d^n} \times \frac{T_1}{T_2}$$

其中，w_1，w_2，$\cdots$，w_n 为权重。在具体方案设计时，权数需要根据辅助指标的具体选用情况综合考虑，设置合理的权数对模型的准确性至关重要。

四、波动系数应用周期

2013 年起，波动系数法和运输量专项调查在运输量统计体系中开始配合应用。目前主要应用于公路货运、公路客运和内河货运三个子行业的运输量计算，具体波动系数法的应用周期是：

2013 年 9 月开展抽样调查，获取了本月基数。

2014 年 1 月至 2015 年 12 月各月运输量以专项调查月（2013 年 9 月）为基数，并结合月度波动系数进行推算，各省以此数据为基础开展月度运输量统计。

2015 年 6 月开展抽样调查，获取本月基数，在 2015 年年报期间利用调查基数并结合月度波动系数对 2015 年 1~12 月各月运输量数据进行调整。

2016 年 1 月至 2019 年 12 月各月运输量以上次抽样调查月（2015 年 6 月）为基数，并结合月度波动系数进行推算，以此数据为基础上报月度运输量统计数据。

2019 年 9 月开展专项调查，获取本月基数，在 2019 年年报期间利用调查基数并结合月度波动系数，统一对 2019 年 1~12 月各月运输量进行数据调整。

以此类推，开展运输量月度统计和年度统计工作。

第三节　波动系数法的具体应用

2013 年交通运输业经济统计调查工作结束后，交通运输部正式下发了《公路水路运输量统计试行方案（2014）》，提出了在公路旅客运输、公路货物运输和内河货物运输三个子行业的运输量日常统计中使用波动系数法。之所以选择这三个子行业，是由于这三个子行业市场化程度较高，统计难度较大，从人力、物力、财力的投入等方面均不具备月度开展全面统计或抽样调查的条件，因此使用了波动系数法开展日常运输量统计。

一、公路旅客运输量统计

《公路水路运输量统计试行方案（2014）》中明确了公路旅客运输量采用波动系数方法，班线客运和旅游包车客运依托不同的数据源计算波动系数，其中班线客运主要依托客运站售票记录（利用售票总额、售票人次、售票里程等指标），旅游包车客运主要依托典型企业（调查企业完成客运量和周转量指标）。客运站售票记录的范围原则上是指联网售票的客运站，各省根据实际情况有所变通，旅游包车客运企业也由各省自行选取，通常每个地市选取几家企业作为代表。

公路旅客运输量统计方法上，各省基本遵照部方案执行，少数省份在部方案基础上对数据源进行了扩展，如吉林省将长白山景区门票销售数据作为旅游包车客运运输量的统计依据，广东省则采用典型企业调查方法，结合典型企业生产效率（单客位运量周转量）的波动和全省运力的波动，推算全省运输量。

二、公路货物运输量统计

2014 年交通运输部下发的《公路水路运输量统计试行方案（2014）》中，公路货物运输行业的波动系数要求采用反映公路货运生产的相关统计数据和行政记录，如交通流量观测数据、高速公路计重收费记录等，优先推荐高速公路计重收费记录作为公路货运波动系数的数据来源（利用车货总重、收费里程和收费总额等指标）。在实际执行过程当中，各省在部级方案基础上制定了各省的方案，现行省级公路货物运输量统计方法主要有两种：一是单一数据源波动系数法，主要是利用高速公路计重收费数据作为波动系数进行推算，个别没有高速计重收费数据的省份采用了典型货运企业数据作为波动系数；二是多数据源波动系数法，通过利用包括高速公路计重收费、交通量观测、重点货运企业、运力等多类数据生成多个波动系数，再通过加权的方式得到公路货物运输量的波动系数。

2020 年 11 月，交通运输部印发了《关于进一步完善运输量统计方法的通知》，提出了要进一步完善运输量统计。明确自 2021 年 1 月起，道路货物运输量统计方法由"行业主管部门推算"调整为"规上企业全面调查+规下业户波动推算"。其中规模以下业户货物运输量波动推算方法采用的是以 2020 年 9 月为基月（此后每年 1 月起将前一年 9 月运输量作为基月），结合高速公路车货总重、Σ（车货总重×行驶里程）、普通国省道货车交通量等参数波动情况进行推算。2020 年交通运输部同时要求各省根据本省实际情况制定适合本省的道路货物运输量统计方法，并报部进行衔接。总体来看，绝大多数省份均采用了高速公路车货总重和普通国省道货车交通流量作为波动参数，只有西藏、海南等部分省份因客观条件限制，采用了其他参数波动的方法。

三、内河货物运输量统计

2014 年下发的《公路水路运输量统计试行方案（2014）》中，内河货物运输行业的波动系数要求利用反映内河货运生产的相关统计数据和行政记录，如交通流量观测数据、海事签证记录、港口吞吐量等，优先推荐选取海事签证记录作为内河货运波动系数数据来源（利用进出港装卸货总重指标）。并且由于内河货船随船舶净载重量不同、运输特点不尽相同，需要分不同规模船舶计算波动系数。具体划分时，按照 1000 吨以下、1000（含）～10000 吨、10000 吨及以上船舶分为三类分别计算波动系数。在具体应用时，由于海事机构划分成部直属海事与地方海事，要求各省应尽量采集直属海事签证站点与地方海事签证站点的签证记录，并且应尽量在海事签证数据中区分出船籍地，利用本省船舶的签证数据作为波动系数。但在各省实际应用当中，由于海事管理部门的机构无法同时掌握直属海事和地方海事的数据，并且在水系较为发达的地区，船舶异地经营的情况较多，本省船舶的签证数据较难获取，因此较多省份会利用港口吞吐量作为波动系数进行月度运输量的推算。

2020 年 11 月，交通运输部印发的《关于进一步完善运输量统计方法的通知》指出，自 2021 年 1 月起，内河货物运输量并行采用"行业主管部门波动推算"和"基于海事船舶进出港报告直接生产"两种方法进行统计。从具体执行来看，多数省份还是依靠传统的行业主管部门波动推算的方法来统计内河货物运输量，基于海事船舶进出港口报告数据直接开展统计的省份还较少。下一步，推进基于海事船舶报港数据统计内河货物运输量还需要研究解决一系列的问题，包括运距测算、报港数据的覆盖范围、报港数据质量等。

第六章 其他方法在运输量统计中的应用

第一节 全面调查方法

一、定义和适用对象

全面调查，又叫普查，就是要对需要调查的对象进行逐个调查，是指国家统计系统和各个业务部门为了定期取得系统的、全面的基本统计资料，按一定的要求和表式自上而下统一布置，自下而上提供资料的一种统计调查方法。目前国家统计系统中较常开展的普查包括人口普查、经济普查等。

全面调查的主要特点：一是比其他调查方式、方法所取得的资料更加全面、更加系统，理论上具有更高的调查精度；二是涉及面广、工作量大、时间较长，需要消耗大量的人力和物力、组织工作也较为繁重。在我国计划经济时期曾广泛使用，目前我国市场经济发展迅速，各种经济成分多元化，尤其运输行业市场化程度较高，全面调查已经不太适应当前的形势，只是作为一种补充性的统计调查方法。

二、在运输量统计中的应用

在运输量统计调查体系当中，计划经济时代运输生产活动采用统一的"运单"进行管理，因此可以采用全面的调查方法，通过执行统一的统计报表制度，从各运输企业准确地统计获得运输量统计数据。改革开放以后，随着运输市场的经营方式由计划经济向市场经济的转变，运输市场的经营主体多元化，非国有经济成分大幅度增加，原有的全面调查方法则不完全适用。

目前，仍然采用全面调查方法的运输子行业主要集中在内河客运、海洋客运、海洋货运三个行业中，它们之所以能够采用全面的调查方法，主要原因有以下两点：一是水路客运经营活动多采用客票制，且航线较为固定，容易统计；二是经营主体多为企业，航运企业的管理比较健全，一般会对运输航次进行统一的经营和管理，因此统计数据容易获得。

在专项调查中，内河客运、海洋客运、海洋货运三个子行业均采用依托船舶经营者对所有属于调查范围内的船舶进行全面调查的方法。这里的船舶经营者是指经营客货运输船舶的所有运输企业和个体经营户。调查工作中，首先，基于交通运输主管部门的业务管理船舶台账，建立起从事水路旅客、海洋货物运输的船舶名录库，包括船舶名称、船舶类型、船籍港等船舶基本信息以及船舶经营者名称、水路运输许可证核发机构等船舶经营者信息；其次，在正式调查时，由船舶经营者负责填写其所有经营船舶的客货运输量和燃料消耗，包括所有航次的起讫港口及代码、运量、周转量以及燃料消耗总量等；最后，通过全面汇总获得调查期内的运输总量。

第二节　重点调查方法

一、定义和适用对象

重点调查是指在全体调查对象中选择一部分重点单位进行调查，以取得统计数据的一种非全面调查方法。由于重点单位在全体调查对象中只占一小部分，调查的标志量在总体中却占较大的比重，因而对这部分重点单位进行调查所取得的统计数据能够反映社会经济现象发展变化的基本趋势。

重点调查的主要特点是投入少、调查速度快、所反映的主要情况或基本趋势比较准确。和抽样调查不同的是，重点调查取得的数据只能反映总体的基本发展趋势，不能用以推断总体，因而也只是一种补充性的调查方法。

重点调查的单位可以是一些企业、行业，也可以是一些地区、城市。此种方法的优点是，所投入的人力、物力少，而又能较快地收集到统计的信息资料。一般来讲，在调查任务只要求掌握基本情况，而部分单位又能比较集中反映研究项目和指标时，就可以采用重点调查。

重点调查根据研究问题的不同需要，可以采取一次性调查，也可以进行定期调查，一次性调查适用于临时调查任务。

二、调查对象的选择

根据重点调查的特点，重点调查的主要作用在于反映调查总体的主要情况或基本趋势。重点调查的关键在于确定重点单位。根据调查目的任务的不同，重点单位可以是一些企业、行业、部门、城市或地区等。

重点调查的重点单位，通常是指在调查总体中具有举足轻重的、能够代表总体的情况、特征和主要发展变化趋势的那些样本单位。这些单位可能数目不多，但有代表性，能够反映调查对象总体的基本情况。

选取重点单位应遵循两个原则：一是要根据调查任务的要求和调查对象的基本情况而确定选取的重点单位及数量。一般来讲，要求重点单位应尽可能少，而其标志值在总体中所占的比重应尽可能大，以保证有足够的代表性。二是要注意选取那些管理比较健全、业务力量较强、统计工作基础较好的单位作为重点单位。

三、在运输量统计中的应用

在运输量统计体系当中，重点调查的应用具体体现在两项统计报表中，一个是《交通运输能耗监测报表制度》中对海洋运输行业的统计方法，另一个是交通运输企业"一套表"联网直报制度中对道路货运行业的统计方法。

1. 交通运输能耗监测报表制度

为了能够动态监测交通运输行业能耗变化情况，建立起了以企业为调查对象的能耗监测体系，重点掌握车辆、船舶的能耗和运输生产信息。其中，为了获取海洋运输船舶单耗数据及运营效率影响因素数据，建立了基于重点航运企业的监测体系。全国共选择了 10 家海洋货运企业，主要包括中远集团部分下属企业、中海集团及其他海洋货运企业。被监测企业完成的水路运输货物周转量占全国总量的 30%以上，通过监测企业拥有船舶的运输量、能耗、运输效率等指标，使得管理部门能够及时掌握行业总体的单耗水平。

2. 交通运输企业"一套表"联网直报制度

在交通运输企业"一套表"联网直报制度中，道路货运子行业的统计工作采用了重点调查的方法，有的道路货运子行业市场经营主体规模庞大，经营业户已经达到 640 多万家。所以，采取"画线"方式选取部分企业纳入"一套表"联网直报。经研究，车辆数在 50 辆及以上的道路货运企业，这部分企业共计 2.8 万家，运量和周转量在全行业的占比在 30% 以上，这样既能够代表行业的发展特点，又合理控制了工作规模。通过每月定期统计各重点企业的运输量、能耗、财务等指标，较好地反映了行业的变化特征，为管理部门决策和行业经济运行分析工作提供了及时、准确的数据支撑。

第三节　基于系统业务记录转化的统计方法

业务数据具有全面性、获取便捷性、鲜活性、及时性等特点。比如，对于高速公路收费数据，由于高速公路实行封闭式、信息化管理，所有车辆都要经过入口和出口并与收费员或收费系统发生一定的交互行为，所以通行高速公路网每一辆车的相关信息都会存储于高速公路收费数据库中，数据齐全；收费管理是高速公路管理的一项基本职能，数据的获取不需进行专门调查，在业务管理过程中即可生成、存储大量的基础数据，数据获取便捷；每一辆车在进出收费站时都会产生相应的记录并进行基于网络的实时传输，因此具有鲜活性和及时性的特点。

随着信息技术在交通运输行业的广泛应用，交通运输行业在业务管理中开发、应用了各种各样的业务管理信息系统，如基础设施建设与管理领域的建设项目管理信息系统、路政管理信息系统、港航管理信息系统；公路水路运输管理领域的道路水路运政管理信息系统、海事签证信息系统；收费公路领域的高速公路收费信息系统等。在运输量统计领域，也曾采用过部分业务数据开展运输量统计，下面以两个案例进行介绍。

一、利用客运站售票数据的跨省班线客运量统计方法

1. 统计目标

该项调查的主要目标是通过客运站售票数据获得跨省班线客运的运输量信息。调查的主要指标为跨省班线公路客运量、公路旅客周转量和运输结构。运输结构指标主要包括分车辆类型运输量及分区域运输量。

2. 数据基础

随着信息化发展，公路客运站采用了客票销售系统，客运站站内售票和网络

售票均通过系统实现，售票系统信息涵盖了班线线路信息、客运站信息和售票信息等内容。从指标上看，一般会记录车牌号、车辆所属企业、班次所属线路、始发站、到达站、行驶里程、售票数量等。依托客运站售票信息，可以汇总得出客运站发班的所有车辆的旅客运输情况。因此，客运站售票信息是较好的旅客运输量统计数据来源。

但由于受信息化发展程度不一，目前高等级的客运站能够实现全部售票均在系统中实现，低等级客运站仍然存在站外售票、人工售票的情况。因此，在运输量专项调查工作中，仅在跨省旅客运输量统计工作中采用了依托客运站售票数据的全面调查方法。

3. 调查方法

跨省班线客车的运输量调查采用依托客运站的全面调查方式，由各省涉及跨省班线运输的客运站（包括跨省班线的起点站和途经站）上报由该站发车或途经该站的跨省班线客车售票情况。各省需要事先掌握所有开通或途经跨省班线的客运站名录，确定每个被调查客运站的负责人和联系方式，形成一个参与专项调查的客运站基本信息汇总表。在调查期内，由客运站依据所掌握的跨省班线客车售票信息填写跨省班线客车调查信息。

调查信息中需要填报的内容包含两部分，第一部分为客运站信息，第二部分为跨省班线客车售票信息。售票信息中要求根据调查期内本站所有的跨省班线客车售票记录，按车辆及其售票起终站分类汇总填写，采集指标包括车牌号码、起终点站名、线路里程、售票数量等信息。

依托客运站联网售票采集售票相关信息后，就可直接利用采集到的数据全面汇总生成跨省班线运输量总量。同时，还获得了旅客运输跨省流量的流向情况。

二、利用海事签证数据的内河货运统计方法

1. 统计目标

该项调查的主要目标是通过海事签证数据获得内河货运船舶的运输量信息。调查的主要指标为货运量、货物周转量、运输结构。运输结构指标主要包括分船舶类型（普通货船、集装箱船、液货船、客货船、驳船、渡船）、分主要货物种类（17 大类）、分流量流向（省份间）的货物运输量。

2. 数据基础

依据《中华人民共和国船舶签证管理规则》① 和《国际航行船舶进出中华人

---

① 　该规则于 2017 年失效，被《船舶进出港报告》取代。

民共和国口岸检查办法》，我国海事部门对船舶进出港活动实行登记管理制度，相应地，海事管理部门也建立了船舶动态管理业务的信息系统，登记的数据包括船舶基本信息、进出港的信息、航行信息、货物运输/装卸信息等。

目前，由于我国海事管理部门有两套系统，分为直属海事部门和地方海事部门，直属海事部门由交通运输部海事局直接管理，地方海事部门由地方人民政府管理。两套部门在管理区域上进行了区分，直属海事部门管辖了所有海域和长江干线、西江干线及黑龙江流域，而地方海事部门管辖其他内河区域。在系统应用方面，直属海事部门建立了统一的签证管理业务系统①，覆盖全部 14 个直属海事局，而各省地方海事部门的信息化程度统一，有些地方建立了信息化管理系统，有些地方仍采用手工台账制。

在 2008 年公路水路运输量专项调查中，内河货运调查采用了基于海事签证数据的全面统计方法。

3. 调查方法

由于海事签证的基础数据需分别由直属海事和地方海事两套不同部门来提供，且地方海事部门由各省交通运输主管部门进行管理，各地方海事签证业务系统并没有实现互联互通，因此在具体组织上采用了发放调查表的方式开展调查。

船舶签证制度包括两类签证方式，分别为定期签证和航次签证，航次签证是指船舶每次进出港均向海事部门报告申请准予航行，而定期签证是指在固定水域范围内航行或定线航行的船舶可申请短期的签证，在签证有效期内不需每次进出港均签证。因此，针对不同的签证情况设计了两种调查表，分别为定期签证调查表和航次签证调查表。

调查方法是由各省与部海事局整理形成的基层海事签证站点名录，包括站点名称、基层站点标识码、管辖范围以及上一月的船舶签证数量等信息。然后根据海事站点名录开展全面调查。各基层站点利用调查期内的电子签证记录台账抽取调查表所需指标，包括船舶名称、船籍港、船舶类型等船舶基本信息以及上一签证点、货物种类、货物重量等运输信息，填写了《航次签证调查表》或《定期签证调查表》，并完成上报。

除此之外，为了计算周转量数据，还需要获得全国所有签证站点间的里程数据，然后根据签证中的起终点信息，获得签证船舶每一航次的航行里程，与货物重量相乘获得周转量。

全国所有签证站点间的里程数据获取方法是由各省上报获得，各省需整理上

---

① 随着海事签证业务改为进出港报告制度后，该系统改为船舶进出港报告业务管理系统。

报省行政区划范围内所有海事签证站点（包括直属海事签证站点和地方海事签证站点）之间的航道里程。同时，为了获得跨省的站点间的航道里程，要求各省整理了省界附近签证点的跨省里程信息，主要是针对主干线支流上距离主干线最近的海事签证站点和与周边省份直接连通的海事签证站点，需分别整理到主干线签证站点的航道里程信息以及到周边省份签证站点的航道里程信息。具体如表6-1、表6-2、表6-3所示：

表6-1　海事签证站点间航道里程表

站点序号	1	2	3	4	5	6	7	8	9	10	…
1	0										
2		0									
3			0								
4				0							
5					0						
6						0					
7							0				
8								0			
9									0		
10										0	
⋮											0

表6-2　海事签证站点到最近主干线签证站点的航道里程表

序号	签证站点		主干线航道名称	最近主干线签证站点		签证站点间航道里程
	名称	编码		名称	编码	
1						
2						
3						
4						
⋮						

表 6-3　海事签证站点到相邻省份签证站点的航道里程表

序号	签证站点		跨省航道名称	相邻省份名称	相邻省份签证站点		签证站点间航道里程
	名称	编码			名称	编码	
1							
2							
3							
4							
⋮							

第七章　运输量专项调查表的设计

第一节　调查表构成

调查表是事先制作好的用来登记调查内容的一种书面载体，主要由一系列与调查目的有关的问题组成。为方便填写、核对和整理，调查表通常都会包括标题、表头、调查内容、表底、说明共 5 部分内容，且每一部分都有其相应的一些基本要求。

1. 标题

排版上基本都位于调查表正上方最醒目的位置，便于受访者一目了然；内容上既要准确概括地说明本调查表的研究主题，又要避免引起受访者的警惕和抵制。

2. 表头

包括调查对象的唯一标识，如经营业户可以是"统一社会信用代码""经营业户名称"等，在车辆调查中，一般设计一定的规则进行编码作为唯一标识，表头还应包括报告期别，如"2019 年 9 月"。除此之外，右上角还要依次列出表号、制表机关、文号和有效期至。

3. 调查内容

作为调查表中的主体部分，它是调查表设计的核心内容，由围绕着调查主题的一系列问题组成。提出什么样的问题？这些问题怎么表述？这些问题按什么顺序排列？提问时需要注意什么？等等，这些都是我们在调查内容设计中需要考虑的。后续将重点介绍调查表主体部分的设计原则和设计步骤。从形式上要求一般主栏列统计指标名称，宾栏列指标的计量单位、代码和数额。文字栏用"甲、乙、丙、丁"等设置；数据栏用"1、2、3、4"等设置。除了正式调查表内容，还可以加入补充资料。

4. 表底

一般列示"单位负责人""填表人""报出日期""联系方式"等内容，依靠调查员开展调查时，常常需要附上调查员的姓名、调查时间、联系方式，以明确调查人员完成任务情况。

5. 说明

列在表底下方。说明分别由报送单位、填报范围、报送日期、报送方式、填报说明、逻辑关系等有关内容组成。

第二节　设计原则

一份合格的调查表必须具备两个基本功能：一是能够将问题传达给受访者；二是能够使受访者乐于回答。为此，调查表的设计一般要遵循以下六个基本原则：

1. 必要性原则

必要性指的是调查表必须紧紧围绕着调查主题，根据是否与主题相关来决定问题的去留，要求每一个问题都应对所需的信息有所贡献。如果一个问题得不到和所需信息相关的数据，那么这个问题就应该取消。问题数量过多、内容过于复杂，不仅会大大增加工作量和调查成本，同时也会降低回答率和回答质量。另外，考虑到开展一次大规模抽样调查往往要花费大量的人力、财力和物力，有些领导就希望在既定主题之外再搭便车调查一些其他内容，这就需要把握分寸，切忌冲淡主题，影响既定调查目的的实现。

2. 准确性原则

准确性指的是调查表中设计的所有内容及其表述都应该是准确无误、通俗易懂的，这是体现调查表设计水准的基本要求。如果在调查表中存在这类带有一定常识性的错误，那么不仅不利于调查结果的整理分析，还会影响受访者对调查权威性的认可。

3. 逻辑性原则

逻辑性要求调查表的设计要有整体感，这种整体感存在于多个层面，同一项调查的不同调查表之间、同一张调查表的不同问题之间、同一个问题的不同答案选项之间都要具有逻辑性。

4. 简明性原则

这一原则要求调查表内容要简单、明确，使受访者一目了然，并愿意如实回答；用词要通俗易懂，符合受访者的理解能力和认知能力；篇幅也不宜过长，避免受访者产生厌倦心理。

5. 标准性原则

调查表中比较常见有选项的问题，或者统计数据需要进行分组填写。这时就要保证类别选项和分组的类别要符合已有的国家或行业标准，如无标准，也要遵从一些约定俗成的分类方法，尽量避免自行创造分类。

6. 可处理性原则

成功的调查表设计除了考虑到紧密结合调查主题和方便信息收集外，还要考虑到调查结果是否容易进行整理、分析、汇总、推算等处理工作。如在货类填写时，如果让受访者填写其运输的具体货物名称，如家具、摩托车、生猪等，则无法进行直接的计算和分析。如果我们事先能够按国家相关标准将货物进行分类，受访者根据其运输的具体货物的类别来填写货物分类代码，这样就可以大大减少处理的工作量。

第三节 设计步骤

通常情况下，调查表的设计应包括如下基本步骤：

1. 把握调查的目的和要求，确定调查表所需的信息

作为调查表设计的一个首要步骤，在设计调查表之前，设计者需要认真研究调查的目的和要求，查阅有关文献、技术文档，以及同类调查方案和相关数据等资料，用简洁的方式列出所希望调查的主要内容，对应这些内容安排一系列问题。在此基础上，选取一些典型调查对象开展前期调研，将调查内容逐步具体化、条理化和操作化，确定调查表所需的可以测量的指标。

2. 确定调查表的总体要求，设计相应指标

明确调查表所需信息之后，还需要确定调查表的一些要求，包括调查的数据是时点数据还是时期数据？调查的方式采用的是跟踪式还是回顾式？调查方法是

自行填报还是调查员填报？这类问题的回答对指标的设计有较大影响，因此要事先予以明确，再进行指标的具体设计。比如，在调查员填报方式时，被调查者可以看到问题并可以与调查人员进行面对面的交谈，因此可以询问较长的、复杂的问题。但如果采用自行填报方式，被调查者与调查者之间没有直接的交流，那么问题也应简单些并要给出详细的填表说明。明确这些具体要求后，再设计相应的指标。

3. 设计排列调查内容

调查表实质上都是由一个个问题组成的。这些问题的排列顺序应该要符合受访者的逻辑思维方式，一般是先易后难、先简后繁、先具体后抽象。对于问题较多的调查表，为突出重点、方便阅读，通常会将问题进行分类，并对每一类别进行命名，一般在运输量调查表中，会将调查表的问题分为三个部分，分别为基本信息、燃料消耗信息和运输信息。

4. 编制调查表初稿，征求意见及试填报

根据以上步骤编制形成了调查表的初稿，还需要征求相关部门的意见，包括数据的需求部门和调查的具体组织单位等，并且可以组织一部分填报对象进行调查表的试填报工作，根据反馈意见适当调整调查表的设计。

5. 制成正式调查表

在完成以上步骤之后，可按照报国家统计局审批的标准格式要求，设计形成正式的调查表。

第四节　审核关系设计

1. 审核的主要作用

对于一项调查来说，基础数据质量对统计结果的准确性十分重要。为了保障基础数据能够有较高的质量，在数据采集阶段，就要做好基础数据的审核工作，检验和评估数据合理性，及时发现和解决问题，保障基础数据的准确性和真实性。

2. 审核的类型

数据审核可以划分为不同的类型：

（1）完整性审核、准确性审核和及时性审核。完整性审核是指检查调查对象是否有遗漏以及所有的调查项目或指标是否填写齐全；准确性审核时指检查数据是否真实反映客观实际情况，内容是否符合实际，检查数据是否有错误，计算是否正确等；及时性审核是指检查所获得的资料是否符合调查的时间。

（2）单一指标审核和关联指标审核。单一指标审核包括查看审核指标的选项是否在调查表规定的备选选项中，或者指标的数值是否在合理的区间内，如对车辆核定吨位进行审核时，由于一般车辆的吨位数不超过 50 吨，可设计审核关系为吨位应小于或等于 50 吨。关联指标审核包括对多指标间填写关系的审核和多指标计算关系的审核，多指标间填写关系的审核是指多个指标在填报上具有一定的约束关系，如车辆类型选择了集装箱车时，则必须填写集装箱位指标，如不填写则数据不合格；而多指标计算关系的审核是指通过计算指标间的数值关系来确定指标是否正确填写，如填写车辆油耗和总行驶里程时，可利用两指标计算出车辆的百公里油耗，而百公里油耗可根据经验值判断是否合理，进而判断油耗和总行驶里程两个指标的填写是否准确。

（3）表内审核和表间审核。表内审核是指同一张调查表中的审核关系，表间审核是指不同调查表的指标间存在一定的逻辑关系。

（4）计算机自动审核和人工审核。计算机自动审核是指通过数据采集系统中已经内置好的审核功能来进行审核；人工审核主要是依靠经验判断或者通过与其他渠道获取数据的对比来判断数据的合理性。

（5）逻辑性审核和合理性审核。一般在计算机自动审核时会进行区分，其主要区别是逻辑性审核主要审核指标填写的完整性和逻辑性，若审核通不过，则说明填写有错误，须修改正确后才可以进行数据的上报；合理性审核主要审核数据的合理性，若审核不通过，则说明数据可能存在漏填、数值偏高或偏低等问题，需进一步核实所填数据是否属实，并在备注中进行相应的情况说明，合理性审核不影响数据的传出和上报，但需认真核实。

3. 审核关系的设计原则

在审核关系的设计上要遵循一定的原则：

（1）审核尺度松紧适当。严格的审核虽然可以有效提高数据质量，但是同时也可能会影响调查对象对调查数据的填报。尤其是对于一些数值型指标的审核，由于数据的合理区间是事先由设计者根据经验值进行设置，如果设置的区间过于宽泛，那么可能导致审核时出现一些"漏网之鱼"，而如果审核区间过于严格，那么有可能出现一些正常值落入审核区间之外，使得正确的数据无法进行上报或者被要求填写过多不必要的说明文件。因此，要在设计审核条件时，尽量以大量的经验数据为基础，仔细研判，划定合理的审核区间。

（2）审核的逻辑要清晰，提示语言要明确。审核关系最终是要呈现给调查员或者被访对象的，而且需要能够比较容易让人找到审核对应的错误指标和错误内容，这就要求逻辑关系尽量能够简单明了，一般情况下少采用多个调查指标复杂计算后再进行审核。同时，审核错误的提示语言也要有明确的指向性，使得填表人能够较快理解错误指标及错误的含义。

（3）加强计算机自动审核，减少人工审核量。随着信息化技术的不断发展，现在的调查工作多直接采用信息化平台开展调查，可由调查员手持 iPad、手机等移动端开展调查，也可由被访对象直接通过网络系统进行填报，基本取代了原有的发放纸质调查表的方式。因此，计算机自动审核的方式也显得尤为重要。而计算机自动审核的优势也较为明显，审核的规则和标准可以统一化，可以节省大量的人工审核工作量，并显著地提升数据质量，因此，在调查审核工作设计时，应将审核工作尽量由计算机自动完成，减少人工审核内容。

同时，计算机的自动审核工作应尽量前置，使得原始数据的错误能够在数据采集和录入阶段就能及时地发现并解决，尽量避免数据已经完成上报后，由上级部门发现错误后再返回给被访对象进行核实。

第五节 辅助调查表的设计

调查工作中，通常会设计辅助调查表来辅助调查员或被访对象来完成调查内容的详细记录。在运输量调查中，尤其是公路货运行业中，企业规模普遍较小，且个体户大量存在，由于管理不健全，所属被调查对象的运输业务台账记录并不完全，所以如果需要调查准确的运输信息时，就需要设计相应的辅助调查表，来帮助完成详细运输过程的记录。辅助调查表是一种辅助工具，一般不要求必须填写，而是由被访对象根据自身情况选择使用。

在辅助调查表设计时，要符合被访对象的工作习惯，所以会根据业务类型的不同设计多种辅助调查表。如在 2008 年公路水路运输量专项调查中，在营业性货运车辆自行记录表的设计中，针对车辆的运输特点分别设计自行记录表。对于具有整车运输特点的车辆、设计了便于填写每个完整趟次的自行记录表；对于配载、零担等存在中途装卸货物的情况，专门设计能够填写每次货物装卸详细信息的记录表。如表 7-1 所示。

表 7-1　营业性货运车辆自行记录表（适用于非整车运输）

一、调查期内车辆运输情况

序号	时间（月-日-时）			运输状态	货物装卸情况					地点（具体到县区）	里程表数（千米）
					装卸	货物名称	货物重量（吨）	集装箱数量（个）	集装箱箱型		
1					装						
					卸						
2					装						
					卸						
3					装						
					卸						
4					装						
					卸						
5					装						
					卸						
6					装						
					卸						
7					装						
					卸						
8					装						
					卸						
9					装						
					卸						
10					装						
					卸						

二、调查期内车辆加油及耗油情况

加油次数	加油日期	加油支出（元）	加油量	加油型号
第 1 次				
第 2 次				
第 3 次				
第 4 次				
第 5 次				
第 6 次				
第 7 次				
第 8 次				
第 9 次				
第 10 次				

重载时百公里耗油量＿＿＿＿＿＿＿升；空载时百公里耗油量：＿＿＿＿＿＿＿升

调查开始时里程表数：＿＿＿＿＿＿＿；调查结束时里程表数：＿＿＿＿＿＿＿

第八章 运输量专项调查组织实施方案设计

　　运输量统计工作分为专项调查工作和日常统计工作两部分，两部分的统计工作由于统计方式完全不同，组织形式也不同。

　　专项调查由于涉及面广、工作量大，为确保专项调查工作顺利开展，一般交通运输部会成立专项调查领导小组及办公室来专门负责此项工作的领导与组织实施。各省也需建立相应的专项调查领导、实施机构，并明确工作职责。专项调查按行政区划范围组织实施，即各省交通运输主管部门负责组织开展本省（自治区、直辖市）行政区划范围内专项调查的各项具体工作。整体调查工作采用统一编制方案软件、统一调查步骤、统一调查时间的方式开展，并且有专项调查经费作为支撑。

　　而运输量日常统计工作则采用了不同的方式，仍然是建立在传统的"自下而上"上报模式，由各省交通运输厅（委）（以下简称"各省厅"）将本省的运输量总量数据上报至交通运输部，再由交通运输部汇总生成全国运输量。由交通运输部对各省数据质量进行评估，评估后确定全国及各省运输量。

第一节 专项调查的组织与分工

一、组织原则

专项调查的组织工作原则主要包括以下五个方面：

1. 全国统一领导

由于运输量专项调查是一项具有较强技术性的专项工作，因此由交通运输部组建专门的工作机构来负责组织和实施中的重大问题，包括宣传动员、方案设计、培训和部署、编制调查软件、接收审核全国数据、推算全国数据、资料开发、调查工作总结表彰和日常的组织协调工作。

2. 方案按需扩展

全国运输量专项调查方案由交通运输部统一编制，各省可在满足部级方案基础上根据本省实际情况对方案进行扩展和调整，但需报交通运输部审核同意后方可组织实施。

3. 辖区组织实施

专项调查按行政区划范围组织实施，即各省交通运输主管部门负责组织开展本省行政区划范围内调查的各项具体工作。

4. 分级负责培训

调查的培训工作采取统一组织、分级培训的方法进行。交通运输部负责对省级、地市级技术骨干人员进行培训。各省交通运输主管部门负责制订本省培训计划，确保所有调查人员得到系统的技术培训。

5. 借助外力调查

由于各次专项调查均时间紧、工作量大，鼓励各实施单位利用社会力量（如运输企业管理人员、乡镇政府统计人员、建制村干部、高等院校学生、科研机构和专业调查公司等）承担具体的样本调查工作，包括样本联系、记录表发放、记录表回收、样本访问、调查表填写、调查表录入等。

二、组织结构

运输量专项调查工作中，调查的组织结构一般包括部级专项调查机构，省级专项调查机构，市、县级专项调查机构。一般市、县级专项调查机构根据各省实际情况，由各省级专项调查机构决定是否组建。

部级专项调查工作一般设置领导小组和办公室，领导小组组长由分管副部长担任，成员包括综合规划司、运输服务司等有关领导。办公室设在综合规划司，承担组织实施的具体工作。

三、职责分工

部级层面一般会组建专项调查领导小组和领导小组办公室之类的临时机构，来统筹组织专项调查工作。

全国运输量专项调查领导小组主要负责协调解决与本次专项调查工作有关的

重大问题，主要包括调查方案审定、调查动员和工作布置、调查工作总结表彰等。全国专项调查办公室在全国公路水路运输量专项调查领导小组的领导下负责全国范围的专项调查组织实施工作，具体任务和职责一般包括组织制定专项调查方案，组织开发专项调查数据采集相关软件，组织实施专项调查有关具体工作；负责对省级、地市级专项调查办公室骨干人员的技术培训和技术支持工作；负责接收、审核全国专项调查资料，并进行数据质量抽查和验收；负责推算全国和省级各主要指标；编辑制作全国运输量专项调查资料；编写全国运输量专项调查工作总结报告；组织完成全国专项调查总结评比工作等。

省级专项调查领导小组主要负责协调解决本省范围内与专项调查工作有关的机构、人员和经费等重大问题，并督促检查本省专项调查工作的实施。省级专项调查办公室在本省专项调查领导小组的领导及部专项调查办公室的指导下进行工作，具体任务和职责一般包括：结合本省的实际情况，制定省级运输量专项调查方案及有关实施细则，组织实施本省的运输量专项调查工作；负责组织本省范围内的技术培训和技术支持工作；负责组织实施本省范围内的数据调查工作；负责接收、审核本省范围内的专项调查数据，进行数据质量验收；负责地市级、县级（除部级发布外的）调查结果的推算工作；负责编写本省专项调查工作总结报告，组织完成本省运输量专项调查总结评比工作。

地市、县级专项调查组织机构承担的任务一般包括协助开展抽样调查中的样本联系、记录表发放、样本访问、记录表回收、调查表填写和调查表录入等具体工作；负责调查数据的收集、录入、审核和上报等。

第二节　专项调查数据质量控制体系设计

专项调查过程中，为了降低数据误差，一般需分为数据复核验证、抽查验收和审核评估三个部分来建立数据质量控制体系。

一、复核验证

一般在运输量专项调查工作当中，复核验证采用的方式包括人工复核、辅助检验、数据验证和调查回访等方式。

1. 人工复核

人工复核是指在专项调查工作当中，由调查实施机构组织有经验的人员对已完成的调查表和记录表进行人工复核，检验和评估数据合理性，及时地发现并解决问题。

2. 辅助检验

辅助检验是指在数据处理过程中充分利用信息技术手段对调查数据进行检验，具体包括调查数据采集软件应根据行业标准和技术规范，尽可能实现录入过程的自动检验功能；安装 GPS/北斗等设备的样本车辆，可以利用其采集的运输路径、运输里程等信息，对调查表中调查数据的真实性、准确性进行审核等。

3. 数据验证

数据验证是指通过其他途径采集运输相关的数据，然后再利用这类数据对调查样本数据的准确性进行验证。在历次运输量专项调查工作当中，公路货运行业的调查是数据验证的重点，通常会通过收集公路计重收费站点和治超检测站点的相关数据信息，对调查表的数据进行比对验证。

除此之外，还可以通过两项调查数据之间进行互相比对验证。如 2008 年公路水路运输量专项调查工作中，针对跨省班线客车站外上车和内河货船存在超载等问题，方案在采集客运站和海事签证数据的同时，还一并采集部分车辆和船舶的运输信息，进行互相校验；2013 年交通运输业经济统计专项调查工作中，在采集车辆运输信息的同时，还在经营情况调查中采集了部分企业的运输信息，两者也可以互相校验。

4. 调查回访

为了加强对调查表填报质量的监督控制，专项调查工作当中会要求各级调查机构从已完成的调查表中抽取一定比例的样本，联系被调查对象进行电话或上门回访，了解调查实施过程、检查数据填写的真实性。

二、抽查验收

数据质量抽查验收是保证数据质量，提高数据准确性的一种有效手段。一般采用的方法是：由上级管理部门抽取一定比例（一般为 2%~3%）已经完成人工审核的调查表进行回访及数据验证，检查调查数据的真实性，抽样范围涵盖辖区内调查填报的所有调查表；同时，还要随机选取一定比例（一般为 5%）的调查表进行计算机复录审核。

一般的数据质量验收标准是：调查的样本数量应满足技术方案中的最低样本量；调查数据指标项均按要求进行调查和填报，无遗漏；同时，各级调查机构抽查的调查表填报的容差率要低于一定标准（一般为 2%）；各级调查机构抽查的调查数据录入的差错率要低于一定标准（一般为1%）。数据质量抽查符合标准的，予以验收；不符合标准的，有关人员要对数据进行全面复核，并依照标准进行第二次抽查，直至达到规定的标准为止，以确保调查数据真实可信。

三、审核评估

审核评估是基础数据审核和复核完成后针对汇总数据和推算结果开展合理性分析。该项工作一般由各级调查机构专门组织人员开展，参与人员一般包括本级调查组织者、熟悉本地区运输情况的管理人员和相关专家。各级专项调查数据审核评估工作须坚持"独立评估、逐级负责"的基本原则，采用实地调研、典型调查和专家咨询会等多种形式开展工作。

评估的主要内容一般包括以下三点：

（1）调查样本的代表性。可对调查样本的分布均衡性和与总体结构的一致性等方面进行评估。

（2）评估运输量总量合理性。可通过对比调查推算得到运输量和日常月报数据，分析差异及原因，必要时对调查基础数据进一步追溯分析。

（3）评估运输量结构和运力结构的协调性。评估运输量地区结构的合理性。可通过评估各市运输量在全省占比和市运输量排序的合理性，以及运输量与运力、产业结构、经济发展水平等相关数据的协调性来进行数据评估。

第三节　专项调查的宣传设计

1. 宣传目的

开展宣传工作的主要目的是充分结合专项调查的目的意义、调查对象和内容要求，开发形式多样的宣传产品，配合调查各阶段工作环节和要求，有序推进宣传活动。通过广泛宣传和重点聚焦，营造行业内家喻户晓、各方配合、依法统计的良好氛围，全力确保每位参与者理解调查、支持调查、配合调查。

2. 宣传对象

宣传对象一般包括四个层次：一是交通运输系统，主要是各级交通运输主管部门和道路运输管理部门，目的在于加强领导重视和部门协作；二是调查对象，包括道路货物运输企业和个体经营户，目的在于树立政府调查权威性、消除思想顾虑，解读调查重点和要求、提高调查质量；三是统计部门、工商部门、税务部门等相关政府部门，目的在于增加理解并为必要的协调工作提供基础条件；四是社会公众和科研人员，目的在于提升调查认知度和成果应用科学性。

3. 宣传手段

一般交通运输行业专项调查工作的宣传手段主要包括五种类型：一是借助交通运输主管部门官方网站及微信公众号、新闻发布会等渠道，面向交通运输系统及社会公众开展官方宣传；二是借助中国交通报、中国交通运输统计微信公众号等行业宣传载体，面向交通运输系统开展全过程调查宣传；三是借助一些电视台、网络主流媒体等，面向社会公众开展宣传；四是通过海报、横幅、调查图解、宣传册等宣传产品，面向调查对象开展线下宣传；五是借助物流行业互联网信息平台，面向调查对象尤其是个体货车司机开展宣传。

4. 职责分工

在宣传工作实施方面，一般由交通运输部负责宣传方案制定、宣传产品设计、宣传规范管理和国家层面的宣传工作。省级交通运输主管部门负责宣传品印刷制作、组织本省调查宣传工作，市县级交通运输主管部门以海报张贴、横幅悬挂、宣传册发放等线下宣传为主开展工作。

第四节　专项调查的调查员管理体系设计

调查员是调查工作的具体实施者，主要工作包括向调查对象宣传和介绍调查知识，指导调查对象填报，并对调查数据进行审核。调查员的业务素质和工作质量是决定调查数据质量的重要因素。因此，在专项调查工作中，需要对调查员的管理体系进行设计，以确保调查工作顺利开展。

一、工作职责与工作任务

1. 工作职责

一是严格执行《中华人民共和国统计法》《中华人民共和国统计法实施条例》和专项调查方案，依法独立开展专项调查工作。二是调查员应当就法定填报义务、调查内容、调查要求、与企业"一套表"联网直报工作关系等，向调查对象说明和解释。三是调查员有权查阅调查对象的相关经营证件和运输记录、会计、统计业务核算等调查相关原始资料，检查相关资料的有效性、完整性和准确性。四是调查员在检查中发现问题时，有权要求调查对象按正确的口径、范围等进行更正。五是当调查对象不配合调查工作时，调查员应按照有关法律法规和规定对其进行教育，劝说其改正态度。

2. 工作任务

一是积极参加培训，认真学习调查知识。通过培训和学习，准确理解和把握调查内容、范围、口径和要求，熟悉调查记录、数据填报、数据审核、抽查验收等流程和方法，熟练系统操作。二是认真做好联系，增强调查对象的支持和配合度。按照分配的调查对象名单，提前进行宣传和告知，发放调查图解、折页、致调查对象的一封信等宣传用品，解读调查意义与内容、流程与要求等，方便其了解调查义务和填报要求。在调查结束后，向调查对象表示感谢，并按照调查工作安排向调查对象发放纪念品。三是认真实施调查，正确使用调查系统完成数据记录、审核和上报工作。联系调查对象，督促调查对象按时填报，需要入户调查的，按要求开展入户工作；协助调查对象完成调查系统的安装、使用和维护；帮助调查对象解决调查过程中遇到的各种问题。四是严格开展审核，按照数据质量管理办法要求开展各阶段工作。重点把关原始数据审核，配合做好数据复核工作。五是完成调查员管理单位交办的其他工作。

二、调查员选聘

1. 选聘条件

调查员一般要求具备以下条件：具有高中及以上文化水平、亲和友善、认真负责、工作细致、身体健康、吃苦耐劳，经培训能够使用调查系统独立开展工作。具备大型调查经验或者统计知识、熟悉道路货物运输行业特点的人员优先聘用。

调查员除具备上述条件外，还要熟悉当地交通运输行业发展情况，熟练掌握车辆分类、货运组织等基本业务知识，有一定群众基础，善于沟通协调，具有较强的法治意识与保密意识。

除向社会公开招聘调查员外，也可从企业、事业、机关单位协商调用人员。调查员可由技术支持单位的专业技术人员、在校大学生、企业统计人员等担任。

有条件的地区还可以采用招募志愿者或通过有资质的劳务派遣机构聘用人员等方式解决调查力量不足的问题。

2. 配备原则

各级调查组织部分根据本地区调查工作量和难易程度配备调查员。调查员按照调查对象数量进行配置，原则上要求至少每 20 个调查对象配备一个调查员。

3. 劳动报酬

聘用调查员的劳动报酬应在各级交通运输主管部门申请的调查经费中予以保障，并根据当地从业人员平均工资或有关标准，向直接聘用人员或提供服务的劳务公司支付相应的劳动报酬。

三、人员培训

专项调查工作中可采用逐级培训或跨级培训的方式，形式应以集中面授为主、视频培训和多媒体课件学习为辅，确保调查员全覆盖。

培训主要内容包括调查背景和统计法规、调查员工作流程、沟通技巧、调查表填报要求、数据审核要求、调查系统操作、常见问题处理方式等。

培训侧重实际操作，现场答疑。通过培训可确保调查员熟练掌握工作所需各项基础知识和基本技能，能独立完成职责内工作任务，确保正确填报调查表。

培训明确合格标准。原则上培训应采用现场考试等方式对参加人员的掌握程度进行检查，合格者颁发调查员证，不合格的应继续培训或学习后予以选聘。

四、人员管理

各级调查组织部门可根据需要制定本地区的调查员管理办法，并在调查中对执行情况进行监督检查。对工作认真负责、爱岗敬业、贡献突出的调查员给予表扬奖励，对工作不负责任、造成失误的进行批评教育，造成重大损失的，要按有关规定追究责任。

临时聘用调查人员，需要按照有关要求签订临时聘用协议，明确双方权利和责任。

调查任务完成前，无特殊情况不得中途更换调查员。建立递补应急机制，出现调查员重大变动时应做好工作交接并及时上报，确保调查工作不间断。

同时，要求调查员要加强工作纪律，遵守国家有关保密规定，保守工作秘密，对在调查工作中知悉的国家秘密、商业秘密和个人信息予以保密，遵守廉政规定，并妥善保管调查有关资料、文件，定期整理工作日志。

第五节　运输量日常统计评估制度设计

一、探索时期的评估手段

1. 组织层面

针对统计数据中出现的一些质量问题，尤其是个别省份上报的统计数据存在失真、与经济发展趋势不相吻合的情况，交通运输部在借鉴国家统计局开展相关工作的基础上，自2013年起开始尝试开展交通运输行业日常统计数据质量评估工作。由于运输量是交通运输行业的核心指标，且近几年统计数据质量问题比较突出，组织开展的评估工作也主要集中在这一指标上。2016年前相继开展过如下工作：

2013年初，面对运输量尤其是公路货物运输量数据存在高估的问题，交通运输部组织交科院开展了全国及省级公路货运量、公路货物周转量数据的统计评估，对数据质量问题较为突出的省份进行重点校核。

2013年2月，针对初步评估存在数据质量问题的省份，交通运输部综合规划司印发《关于进行公路货物运输量统计数据质量自查工作的通知》，要求这些省份重新核实，并把核实的结果和相关情况以书面形式上报交通部。

2015年，交通运输部重点针对11个省份的公路货运量、货物周转量数据进行重点审核，并通过2015年部组织开展的小样本抽样调查结果对各省统计数据重新核实和修订。

2. 技术层面

自2012年开始重视统计评估工作后，交通运输部经过几年的摸索，也逐渐建立了日常统计工作中的评估方法，但总体来看，主要使用的还是较为简单的评估方法具体包括以下几种：

一是简单增速分析方法。针对各省上报的统计数据，计算去年同期比和月度环比，通过各省之间的横向比较，甄别出增速快、月度间变化大的异常省份进行重点核实，掌握统计数据质量存在的问题，要求进行整改，达到挤压水分的目的。

二是业内指标的联合评估。一种方法是采用行业内能够采集的其他统计指标，结合各省上报的被评估指标计算生成特征指标，分析特征指标的合理性来进行评估。如结合各省车辆和船舶保有量信息，计算单位车辆或船舶的产量指标，对于指标虚高的省份进行重点核实。另一种方法是对比其他具有紧密联系的不同来源信息与被评估指标的变化趋势，评估各省上报数据的合理性。如利用行业内采集的高速公路计重收费、联网售票等行政记录，重点评估省级上报数据与业务信息变动趋势的吻合性。对于港口吞吐量，通过分析港口货物装卸特点和流量流向特点，直接采集部海事局海事签证中船舶进出港货物数据进行比对，分析是否符合变动规律。

三是宏观指标的关联评估。交通运输部在 2013 年利用工业增加值，从趋势图、相关系数、弹性系数、HP 滤波、变异系数等角度对全国运输量统计数据的数据质量进行佐证分析，结果显示运输量变化趋势总体合理，但增速过高，估计 2010~2012 年公路货运量统计增速偏高 7.9~9.5 个百分点。

二、当前评估机制

当前评估重点仍为公路货物运输量数据，目的在于提高数据真实性和准确性，坚持实事求是、客观公正的原则，以行政记录和信息化采集数据等客观数据作为主要参考依据，采用定性和定量相结合的方法，对数据进行判断和分析。

评估工作主要由交通运输部综合规划司牵头，采用月度会审的形式，对运输量指标进行会审。会审工作组由部综合规划司统计工作分管司领导和技术单位运输量统计业务人员、相关专家组成。视工作需要，可吸纳其他有关人员加入会审工作组。月度重要统计数据于每月 8 日上午会审。年度重要统计数据于 3 月 20 日上午会审。视部领导指示要求和节假日安排，可及时调整会审时间。会审工作应遵循以下流程：

（1）运输量日常统计业务组分别介绍运输量统计数据初步审核情况，主要包括报告期内运行态势、数据一致性、变化幅度较大的情况、初步建议等。

（2）会审工作组查阅会审资料，综合运用历史数据比较、横向数据比较、相关性分析等方法，对各省报送的公路货物运输量数据，结合高速公路动态监测数据、公路交通量自动监测数据等外部数据开展评估，对数据进行会商，研究提出会审意见。

（3）依据会审意见，对评估时认为数据有异议的地区进行补充核实，进一步收集资料予以分析，佐证材料予以归档；对问题统计数据责成填报单位及时予以修正。

（4）重要统计数据最终审定后，会审工作组各有关工作人员签字确认。

第三篇
实践篇

第九章　2008年全国公路水路运输量专项调查

改革开放以来，尤其是1983年原交通部提出"有路大家行车、有水大家行船"之后，我国公路水路运输市场全面开放，出现了国有、民营和个体等各种经济成分参与公路水路运输市场的繁荣局面。公路水路客货运输量快速增长，服务能力明显增强，为我国经济社会发展提供了有力支撑和坚强保障。为摸清全口径公路水路运输量基数、准确掌握结构性和区域性运输量数据，从而能够更加真实和准确地把握我国公路水路运输行业发展脉搏，推动交通运输业向现代服务业转型，推进综合运输体系的建设，原交通部于2008年联合组织开展了第一次全国公路水路运输量专项调查工作。

第一节　调查技术方案

一、公路客运

1. 调查范围和调查内容

公路客运行业的调查范围包括所有在公路上产生旅客运输量的民用载客汽车。分为营业性旅客运输和非营业性旅客运输，其中营业性旅客运输的调查对象是指由道路运输管理机构颁发道路运输证的客运车辆。非营业性载客汽车是指全国民用载客汽车中除上述营业性客车外，在公路上产生旅客运输量（或出行量）的其他车辆。

本次专项调查的主要指标为公路客运量、公路旅客周转量、燃料消耗和运输结构。运输结构指标主要包括分营业性质运输量、分车辆类型运输量及分区域运输量。

2. 抽样方法

载客汽车调查采用分层抽样方法，抽样单元为单台车辆。以全国所有属于调查范围的载客汽车为总体，以各省、自治区、直辖市（以下简称省）为子总体进行抽样设计。

抽样框中，营业性车辆是以道路运输管理的运政系统车辆库作为抽样框，而非营业性车辆则利用从公安部获得的民用载客汽车分类汇总数据，作为抽样依据。

在层的划分上，先按经营范围划分为 5 大层，再按地市划分为中层，最后再按经营线路类别以及核定客位数量划分出基本层（见表 9-1）。

表 9-1　地市内基本层的具体划分和代码

必分层		细化层	基本层代码
按经营范围分	按经营线路类别分	按核定载客位分	
班线客车	经营县内班线	X≤15	111
		X>15	112
	经营跨县班线		120
	经营跨地市班线		130
	经营跨省班线		140
其他营业性客车		X≤30	201
		X>30	202
出租客车		X≤5	301
		X>5	302
公交汽车		X≤30	401
		X>30	402
其他非营业性客车		X≤5	501
		X>5	502

资料来源：2008 年公路水路运输量专项调查技术方案。

在样本量的确定上，方案按照对主要调查目标量，即全省公路客运量、旅客周转量、燃料消耗和运输结构的精度要求，首先确定全省各类载客汽车的最低样本量，然后根据各地市分类车辆拥有量，按比例将样本车辆数分配到各地市及相应的基本层。全国分省最低样本量是在 95% 的置信度下，全省载客汽车的客运量和旅客周转量估计的极限相对误差为 5%～10% 进行计算。每类车辆（省内班线客车、其他营业性客车、出租客车、公交汽车、其他非营业性客车）的地市层样本量，则按各地市每类车辆拥有量所占全省该类车辆拥有量总数的比例进行分配。地市内每类车辆在各核定载客位基本层的样本量，按各基本层车辆拥有量所占地市内该类车辆拥有量总数的比例进行分配（见表 9-2）。

表 9-2　全国载客汽车样本总量和分省样本量

最低样本量（辆）	载客汽车（除跨省班线客车）	其中				
		省内班线客车	其他营业性客车	出租客车	公交汽车	其他非营业性客车
全国	135000	41470	11630	14200	10800	56900
北京	6000	100	800	500	300	4300
天津	3000	250	400	300	300	1750
河北	5800	1450	150	600	300	3300
山西	3500	900	100	300	300	1900
内蒙古	3000	800	150	600	300	1150
辽宁	5800	1300	500	1000	500	2500
吉林	3000	900	100	500	300	1200
黑龙江	4000	1000	550	800	350	1300
上海	5000	0	1200	1000	1000	1800
江苏	9000	2000	1200	700	300	4800
浙江	8000	2250	350	600	300	4500
安徽	4000	1950	200	550	300	1000
福建	3500	1250	250	300	300	1400
江西	2500	1100	200	300	300	600
山东	9000	2450	550	700	500	4800
河南	6800	2900	250	450	300	2900
湖北	4500	1900	400	500	300	1400
湖南	4500	2300	400	300	300	1200
广东	12000	3200	900	700	1000	6200
广西	3200	1450	350	300	300	800
海南	1200	200	200	300	300	200
重庆	2500	1350	150	300	300	400

续表

最低样本量 （辆）	载客汽车 （除跨省班 线客车）	其中				
		省内班线 客车	其他营业性 客车	出租 客车	公交 汽车	其他非营业性 客车
四川	6800	2850	400	450	300	2800
贵州	2500	1250	250	300	300	400
云南	5000	2100	600	300	400	1600
西藏	500	120	80	100	100	100
陕西	3600	1400	400	300	300	1200
甘肃	2000	750	150	450	300	350
青海	1000	300	200	200	150	150
宁夏	1000	350	50	200	200	200
新疆	2800	1350	150	300	300	700

资料来源：2008 年公路水路运输量专项调查技术方案。

3. 调查方法

跨省班线客车的运输量调查采用依托客运站的全面调查方式，由各省涉及跨省班线运输的客运站（包括跨省班线的起点站和途经站）上报由该站发车或途经该站的跨省班线客车售票情况。

省内班线客车、其他营业性客车、出租客车和公交汽车采用针对车辆的抽样调查方式，调查工作包括预备调查和正式调查两个步骤，预备调查主要是与样本进行联系，发放调查表；正式调查时，则采用样本自行记录、调查员电话跟踪、调查员跟车调查等方式进行调查。

非营业性客车主要采用在非营业性客车聚集地（如公安交警机动车安全性能检测站）开展实地调查，采用当面询问车辆使用者的方式开展调查，要求被调查对象回忆车辆前 3 天的公路出行情况。

二、公路货运

1. 调查范围和调查内容

公路货物运输量调查的范围为所有在公路上产生运输量的民用载货汽车、农用运输车及运输拖拉机。调查对象分为营业性货运车辆和非营业性货运车辆。营业性货运车辆是指由道路运输管理机构颁发道路运输证、从事货物运输的车辆。非营业性货运车辆是指未办理道路运输证、从事货物运输的车辆。

调查的主要指标为公路货运量、货物周转量、燃油消耗和运输结构。运输结构指标主要包括分营业性质运输量、分车辆类型运输量、营业性分区域运输量及营业性分货类运输量。

2. 抽样方法

调查采用分层抽样方法，抽样单元为单台车辆。

（1）营业性车辆。抽样框中，营业性车辆是以道路运输管理的运政系统车辆库作为抽样框。

首先，在分层设计上，营业性车辆先按地市分层（称为大层）；其次，根据车辆类型划分为普通货车、专用货车、危险品运输车、农用运输车、拖拉机、其他载货车六个车辆类型子层；最后，在子层内，划分吨位子层或车型结构子层（称为基本层）（见表9-3）。

表9-3 营业性货运车辆基本层划分及编码

必分层	细化层	基本层编码
普通货车	$X \leqslant 2$	111
	$2 < X \leqslant 4$	112
	$4 < X < 8$	113
	$8 \leqslant X < 20$	114
	$X \geqslant 20$	115
专用货车	集装箱	121
	挂车	122
	其他	123
危险品运输车	—	131
农用运输车	—	141
拖拉机	—	151
其他载货车	—	161

注：表中 X 指车辆的运管部门征费吨位。

在样本量的确定上，按照对主要实物量调查目标量，即全省的货运量、货物周转量和燃油消耗的精度要求，首先确定全省营业性货运车辆的样本量，然后根据各地市车辆拥有量按比例将样本车辆数分配到地市层以及相应各子层（见表9-4）。全国分省最低样本量是在95%的置信度下，主要调查目标量的极限相对误差为5%~10%进行计算。

表9-4 全国及分省营业性货运车辆最低样本量

省份	营业性货运车辆最低样本量（辆）	省份	营业性货运车辆最低样本量（辆）
北京	3800	湖北	4150
天津	2650	湖南	3650
河北	5500	广东	9200
山西	4000	广西	3650
内蒙古	2700	海南	2150
辽宁	5500	重庆	3700
吉林	3150	四川	4650
黑龙江	3500	贵州	2200
上海	3800	云南	3500
江苏	7000	西藏	900
浙江	7200	陕西	3650
安徽	3650	甘肃	1800
福建	3500	青海	1400
江西	2650	宁夏	1400
山东	8200	新疆	3800
河南	6500	全国总计	123100

资料来源：2008年公路水路运输量专项调查技术方案。

营业性货运车辆的地市层、车辆类型层以及基本层内的最低样本量均按照该层所占该类车辆拥有量总数的比例进行分配。同时，为保证运输量推算结果的精度，还对每个基本层的样本量作以下要求：当基本层车辆总数大于或等于10辆时，该层样本量不少于5辆；当基本层车辆总数小于10辆时，按车辆总数的50%抽取样本，但每个基本层的样本车辆数至少为2辆。基本层内采用等距抽样方法抽取样本。

（2）非营业性车辆。抽样框中，非营业性车辆则利用从公安部获得的民用载货汽车分类汇总数据，作为抽样依据。

在分层设计上，非营业性货运车辆将纳入调查范围的非营业性货运车辆按车辆类型划分为非营业性载货汽车、非营业性农用运输车、非营业性运输拖拉机三层分别进行抽样。

非营业性载货汽车先按地市分层再根据车辆的核定载质量，划分为2吨以下、2吨以上共两个子层（称为基本层）（见表9-5）。

表 9-5 非营业性载货汽车基本层编码

基本层	基本层代码
X≤2	210
X>2	220

注：表中 X 指车辆的核定载质量，以"吨"作为计量单位。

非营业性载货汽车的样本量是按照对主要调查目标量，即全省货运量、货物周转量的精度要求，首先确定全省非营业性载货汽车的样本量，其次根据各地市非营业性载货汽车拥有量按比例将样本车辆数分配到地市层以及相应各子层（见表 9-6）。为保证 95% 的置信度，主要调查目标量，即全省货运量、货物周转量估计的极限相对误差为 5%～10% 来确定样本量。

表 9-6 全国及分省非营业性载货汽车最低样本量

省份	非营业性载货汽车最低样本量（辆）	省份	非营业性载货汽车最低样本量（辆）
北京	200	湖北	350
天津	350	湖南	350
河北	500	广东	800
山西	500	广西	350
内蒙古	300	海南	350
辽宁	500	重庆	300
吉林	350	四川	350
黑龙江	500	贵州	300
上海	200	云南	500
江苏	500	西藏	100
浙江	800	陕西	350
安徽	350	甘肃	200
福建	500	青海	100
江西	350	宁夏	100
山东	800	新疆	200
河南	500	全国总计	11900

资料来源：2008 年公路水路运输量专项调查技术方案。

非营业性农用运输车、运输拖拉机采用分层二阶抽样的方法。首先，在全省范围内以县为单位划分子层，在各子层内建立两级抽样框：一级抽样框抽样单元为建制村；二级抽样框抽样单元为单台车辆，基于建制村的所有非营业性农用运输车（非营业性运输拖拉机）建立，且仅需要对被抽中的建制村建立非营业性农用运输车（非营业性运输拖拉机）的抽样框。其次，在抽样方法及样本量确定上，采用定量的方式，每个县抽取 5 个建制村。每个被抽中的建制村分别抽取 5 辆非营业性农用运输车（非营业性运输拖拉机），本村内车辆数低于 5 辆时，抽取全部车辆。

3. 调查方法

针对营业性货运车辆的调查包括预备调查与正式调查两个步骤。首先，开展预备调查，了解样本车辆对参加专项调查的意愿，确保有足够样本量的车辆参与调查；其次，在规定的调查时间内，采用电话跟踪、自行记录等方式了解调查者的车辆运输情况，填写正式调查表。

针对非营业性货运车辆主要采取当面访问、事后回忆的方式进行。根据非营业性载货汽车与非营业性农用运输车、非营业性运输拖拉机的不同特点，选择不同的场所进行当面访问。针对非营业性载货汽车，根据实际情况，利用机动车安全性能检测站、大型停车场、加油站、厂区（矿区）等货车集散地开展现场调查。非营业性农用运输车（非营业性运输拖拉机）的访问调查依托建制村村委会开展。

三、内河客运及海洋运输

1. 调查范围和对象

客船是指在交通运输主管部门审批、备案，从事营业性旅客运输的船舶，包括客船和客货船。水路旅客运输量调查的主要指标为客运量、旅客周转量、运输结构和燃料消耗。运输结构主要包括分船舶航行区域、分船舶类型、分船籍国、分流量流向的旅客运输量。

货船是指在交通运输主管部门审批、备案，从事营业性货物运输的船舶，包括普通货船、集装箱船、液货船、客货船、驳船、拖船。根据船舶的主要航区分为沿海船舶、远洋船舶和内河船舶。水路货物运输量调查的主要指标为货运量、货物周转量、运输结构和燃料消耗。运输结构指标主要包括分船舶航行区域、分船舶类型、分船籍国、分主要货物种类（17 大类）、分流量流向的货物运输量。

2. 调查方法

客运船舶以及海洋货运船舶的调查方法一致，采用基于交通运输主管部门的业务管理船舶台账，建立起从事水路旅客运输的船舶名录库，船舶名录库按照长期控制权原则进行构建，即我国企业或个人在调查期内具有长期控制能力的运输船舶（包括自有船舶和租入船舶）。调查方法则采用依托船舶经营者对所有属于调查范围内的运输船舶进行全面调查。这里的船舶经营者是指经营船舶的所有运输企业和个体经营户。

四、内河货运

内河货运船舶调查采用依托各级海事部门签证站点对所有进港船舶签证记录进行全面调查以及部分进港内河货运船舶进行抽样调查相结合的方法。

1. 依托签证站点的内河货船调查方法

对于内河货运船舶，全国大部分省份采用依托各级海事部门签证站点对所有进港船舶签证记录进行全面调查。调查时，首先由管理部门整理所有基层海事签证站点的基本信息，其次由各级海事部门签证站点需要整理、审核调查期内所有内河货船的进港签证记录，包括航次签证与定期签证，填写《航次签证调查表》或《定期签证调查表》并上报。

为有效计算不同签证站点之间的航线里程，各省需整理上报省行政区划范围内所有海事签证站点（包括直属海事签证站点和地方海事签证站点）之间的航道里程，其中对于主干线支流上距离主干线最近的海事签证站点和与周边省份直接联通的海事签证站点，还需分别整理到主干线签证站点的航道里程信息以及到周边省份签证站点的航道里程信息。然后通过建立统一的计算模型获得全国任意不同签证站点间的航线里程，进而获得周转量。

2. 基于封闭水域的内河货船调查方法

由于各省封闭水域的特点不同，因此由各省根据本省封闭水域的管理特点和运输情况，自行决定采用全面调查或者抽样调查的方法开展调查。

3. 关于渡船的调查

渡船是指在经县级及以上政府相关管理部门批准设立的渡口从事渡运的船舶，包括客渡船、车客渡船、汽车渡船和其他渡船。

渡船的调查采用两种调查方式：

（1）营业性渡船采用依托船舶经营者（运输企业或个体经营户）进行全面调查的方法；基于交通运输主管部门的业务管理船舶台账，根据本方案规定的调查范围，建立起渡船名录库，船舶名录库按照长期控制权原则进行构建，即我国企业或个人在调查期内具有长期控制能力的运输船舶（包括自有船舶和光租租入船舶）。调查期为 2 天，要求选择一个工作日和一个周末（赶集日），由船舶经营者填写所有船舶在调查期内发生的所有航次信息。

（2）非营业性渡船采用依托渡口的全面调查方式，由各省管理部门整理全省范围内的渡点名录库，由调查员进行现场调查，对所有纳入调查范围的非营业性渡船在调查日内每次到达被调查渡点的运输情况进行统计，汇总完成非营业渡船在调查日内到达被调查渡点的旅客运输情况，并根据不同的连接渡点将运输量进行分类汇总填写。非营业性渡船的调查期为2天，要求选择一个工作日和一个周末（赶集日）。

第二节　调查组织实施

一、组织方式

1. 组织方式及职责分工

本次专项调查由交通运输部和国家统计局联合成立全国公路水路运输量专项调查领导小组，负责协调解决与本次专项调查工作有关的重大问题。领导小组下设专项调查办公室，办公室设在交通部综合规划司，具体承担全国专项调查的组织实施工作。各省交通主管部门均参照部级组织结构建立了相应的专项调查领导、实施机构。

全国公路水路运输量专项调查领导小组主要负责协调解决与本次专项调查工作有关的重大问题，主要包括调查方案审定、调查动员和工作布置、调查工作总结表彰等。全国专项调查办公室负责全国范围的专项调查组织实施工作，具体任务和职责包括：组织制定专项调查方案，组织开发专项调查数据采集相关软件，负责对省级、地市级专项调查办公室骨干人员的技术培训和技术支持工作；负责组织部直属海事部门进行依托进出港船舶签证站点的内河货运船舶调查数据采集、审核和处理工作；负责接收、审核全国专项调查资料，并进行数据质量抽查和验收；负责推算全国和省级各主要指标，以及地市级运量、周转量和燃油消耗的总量指标等。

省级专项调查领导小组主要负责协调解决本省范围内与本次专项调查工作有关的机构、人员和经费等重大问题，省级专项调查办公室负责具体组织实施，工作任务和职责包括：制定省级公路水路运输量专项调查方案及有关实施细则，组织实施本省调查工作；负责组织本省的技术培训和技术支持工作；负责组织实施本省范围内的数据调查工作；负责接收、审核本省范围内的专项调查数据，进行数据质量验收，按规定的内容、时间、方式上报并保管专项调查资料；负责地市级（除总量外）和县级调查结果的推算工作，做好与全国专项调查办公室推算结果的衔接等。

2. 数据采集及处理

本次专项调查的外业数据采集工作按照"统一时间安排、统一操作流程、统一填表规范"的原则进行。外业数据采集工作主要分为预备调查和正式调查两个步骤，预备调查主要包括联系被调查对象，询问其是否愿意接受调查并对愿意接受调查的发放记录表。正式调查主要包括收集被调查对象的运输情况，并由调查员负责填写正式调查表。

本次专项调查的内业数据处理工作主要包括对已经调查到的数据进行录入、审核和推算，按照"统一数据处理标准、统一制发数据采集软件、统一传递上报调查数据"的原则，分级审核、逐级上报的工作方式进行。

3. 数据质量控制体系

数据采用人工复核、辅助检验、第三方数据验证等方式进行数据复核验证。其中，人工复核是指组织有经验的人员对已完成的调查表和记录表进行人工复核，辅助检验是指充分利用信息技术手段，如利用调查数据采集软件尽可能实现录入过程的自动检验功能，对于安装 GPS 设备的样本车辆，利用采集的运输路径、运输里程等信息进行审核；第三方数据验证是指利用公路计重收费站点和治超检测站点等相关信息，对调查数据进行验证。

同时，本次调查还建立了数据质量抽查办法，要求各省级单位对本省已经完成调查的样本车辆（船舶）以 5%～10% 的比例进行随机抽取，联系被调查人进行电话回访，各级专项调查办公室要随机选取 5% 的调查表进行计算机复录审核。专项调查数据质量验收合格的标准为满足技术方案中的最低样本量要求；数据指标不得遗漏；调查表填报的差错率要低于 2%，调查数据录入的差错率要低于 1%。

二、主要实施过程

1. 试点阶段

为确保专项调查工作的规范性和科学性，交通运输部从 2007 年 5 月开始组织开展专项调查方案编制工作，并于 2007 年 9 月至 10 月在全国范围内，分三个片区充分听取 31 个省份的意见。2007 年 11 月 9 日，交通运输部组织专家和各省代表共同审定通过《全国公路水路运输量专项调查方案（试点）》。为验证专项调查试点方案的可行性，2007 年 12 月 16~22 日，江西、湖北、广西和四川四个试点省份各选取了一个地市进行专项调查试点。在总结试点经验的基础上，通过广泛吸收各有关方面的意见，进一步完善了专项调查工作方案和数据处理软件。

2. 前期准备阶段

2008 年 3 月 17 日，交通运输部下发了《关于开展全国公路水路运输量专项调查的通知》（交规划发〔2008〕123 号），决定在国家统计局的支持下开展全国公路水路运输量专项调查。2008 年 4 月 7 日，全国公路水路运输量专项调查工作布置会在河北省廊坊市召开，标志着全国公路水路运输量专项调查工作在全国范围内开始全面实施。

为加强领导，交通运输部和国家统计局联合下发《交通运输部国家统计局关于认真做好全国公路水路运输量专项调查的通知》（交规划发〔2008〕36 号），公布了由交通运输部和国家统计局联合成立的专项调查领导小组，负责协调解决专项调查过程中的重大问题。为确保基层交通统计人员能够完全理解和掌握专项调查方案及配套软件，全国公路水路运输量专项调查办公室按照"集中组织、合理安排、保证质量"的原则，在北京、湖北和云南等地组织开展了 6 期部级培训，培训总人数达 1500。随后，各省相继开展专项调查动员、布置和培训等准备工作，在人员选调、业务培训、设备配置、安全管理和宣传发动等方面做了大量工作。

3. 调查实施阶段

2008 年 5 月 12 日，四川汶川等地发生重大地震灾害。抗震救灾迅速成为全国交通运输行业的首要任务，对运输量专项调查工作影响较大。考虑到本次专项调查需要各省在规定的月份同时开展实地调查工作，部专项调查领导小组对全国公路水路运输专项调查工作进度作出适当调整，将公路运输量专项调查时间整体推后 4 个月，水路运输量专项调查工作仍按原进度执行。

2008 年 6 月和 11 月，全国各级专项调查机构按照"统一时间安排、统一操作流程、统一填表规范"的原则开展水路和公路运输量调查的外业数据采集工作。为确保专项调查基础数据质量，全国公路水路运输量专项调查办公室制定了一系列严格规定，提出了具体、明确的要求，并对全国接近半数的省份进行了实地检查和指导。

2008 年 9 月和 2009 年 1 月，各省级专项调查办公室按要求上报专项调查基础数据，全国公路水路运输量专项调查办公室对基础数据进行了全面审核、验证和推算。并于 2008 年 12 月和 2009 年 2 月分别组织召开了水路和公路运输量专项调查数据审定会，联合各省共同审定专项调查推算结果。

4. 总结阶段

2009 年 4 月，交通运输部正式发布《全国公路水路运输量专项调查主要数据公报》，随后《中国交通部》、交通运输部政府网站、全国公路水路运输量专项调查网站等媒体先后发布了全国公路水路运输量专项调查主要数据公报。2009 年 10 月，交通运输部印发了《关于对全国公路水路运输量专项调查先进集体和先进个人进行表彰的通知》（交规划发〔2009〕556 号），对在全国公路水路运输量专项调查工作中工作优秀、成绩突出的 158 个先进集体和 468 个先进个人进行了表彰。

第三节　调查主要结果

1. 公路客运

2008 年，全国营业性客车完成公路客运量 268.2 亿人，旅客周转量 12476.1 亿人公里，平均运距为 46.5 公里。

按经营范围划分，班线客车、其他营业性客车、出租车和公交车的客运量所占比重分别为 52.5%、3.9%、11.3% 和 32.3%；旅客周转量所占比重分别为 74.8%、11.1%、5.7% 和 8.4%。

按运距分，运距为 100 千米以下、100~200 千米、200~400 千米、400~800 千米和 800 千米及以上的客运量所占比重分别为 90.2%、5.5%、2.7%、1.1% 和 0.5%；旅客周转量所占比重分别为 43.2%、14.2%、14.9%、13.1% 和 14.6%。

按旅客流向划分，2008 年全国各省的省内客运量 262.7 亿人，占全国公路客运量的 97.9%。

2. 公路货运

2008 年，全国营业性货运车辆完成货运量 191.7 亿吨，货物周转量 32868.2 亿吨公里，平均运距为 171.5 公里。

按车辆类型划分，普通货车、专用货车、危险品运输车、农用运输车、拖拉机和其他货运车辆货运量所占比重分别为 63.2%、17.0%、2.8%、9.4%、5.1%

和 2.4%；货物周转量所占比重分别为 63.8%、26.7%、3.5%、3.2%、1.0% 和 1.6%。

按照运距划分，营业性货运车辆 100 千米以下、100～400 千米、400～800 千米、800～1200 千米和 1200 千米及以上货运量所占比重分别为 62.6%、25.5%、6.6%、2.3% 和 3.0%；货物周转量占全年的比重分别为 12.0%、27.2%、19.8%、11.9% 和 29.1%。

按货物种类划分，调查月（2008 年 11 月）货运量比重为前三位的货类依次为：矿物性建筑材料（19.4%）、煤炭及制品（14.1%）和水泥（8.5%）；货物周转量比重为前三位的货类依次为：煤炭及制品（14.7%）、农林牧副渔业产品（11.8%）和机械设备电器（10.3%）。

按货物流向分，2008 年全国各省的省内货运量 160.1 亿吨，占全国公路货运量的 83.5%。

3. 水路客运

2008 年，全国客运船舶完成客运量 2.0 亿人，旅客周转量 59.2 亿人公里，平均运距为 29.1 公里。

按航区划分，内河、沿海和远洋客运量所占比重分别为 54.0%、41.8% 和 4.1%；旅客周转量所占比重分别为 45.5%、42.4% 和 12.2%。

按旅客流向划分，2008 年全国各省的省内客运量 1.8 亿人，占全国水路客运量的 91.2%。

4. 水路货运

2008 年，全国水路货运完成货运量 28.6 亿吨，货物周转量 40987.0 亿吨公里，平均运距为 1434.0 公里。

按航区划分，内河、沿海和远洋货运量所占比重分别为 47.1%、41.1% 和 11.8%；货物周转量所占比重分别为 10.1%、32.4% 和 57.5%。

按货物种类划分，调查月（2008 年 6 月）货运量比重为前三位的货类依次为：矿物性建筑材料（26.4%）、煤炭及制品（21.0%）和石油天然气及制品（10.5%）；货物周转量比重为前三位的货类依次为：煤炭及制品（18.4%）、轻工医药产品（18.0%）和石油天然气及制品（15.2%）。

按货物流向划分，2008 年全国各省的省内、省际和境外货运量分别为 10.8 亿吨、14.4 亿吨和 3.4 亿吨，所占比重分别为 37.8%、50.4% 和 11.8%。

另外，我国企业（或个人）租赁给港、澳、台及境外公司经营的船舶，在中国境内（含港、澳、台地区）完成货运量 0.9 亿吨，货物周转量 9275.7 亿吨公里。

5. 燃料单耗

营业性载客车辆中，7 座以下、7~15 座和 15 座以上汽油车的百公里油耗分别为 8.6 升、11.3 升和 21.9 升；7 座以下、7~15 座、15~30 座和 30 座以上柴油车的百公里油耗分别为 8.1 升、14.4 升、18.4 升和 25.5 升；液化天然气载客汽车的百公里油耗为 0.0239 立方米；液化石油气载客汽车的百公里油耗为 0.0225 立方米。营业性货运车辆中，2 吨以下和 2 吨以上汽油车的百公里油耗为 13.0 升和 25.1 升；2 吨以下、2~4 吨、4~8 吨、8~20 吨和 20 吨以上柴油车的百公里油耗分别为 15.1 升、20.2 升、25.1 升、30.7 升和 35.0 升。

客运船舶中，内河客船百公里油耗为 0.2 吨标准煤；沿海客船百公里油耗为 0.7 吨标准煤；远洋客船百公里油耗为 1.6 吨标准煤。货运船舶中，内河货船百公里油耗为 0.6 吨标准煤；沿海货船百公里油耗为 2.4 吨标准煤；远洋货船百公里油耗为 7.7 吨标准煤。

第十章 2013年交通运输业经济统计专项调查

第一节 调查背景

一、在运输量统计数据真实性面临考验的形势下，亟须在全国范围内统一实施调查，重建运输量基数，并通过严格规范运输量统计工作体系，加强统计质量管控

2011年以后，地方政府将运输量数据与绩效考核挂钩，导致运输量统计受到人为干预，数据存在一定程度的失真现象，严重影响交通政府部门的公信力。为促使运输量数据回归真实水平，交通运输部决定在全国范围内开展一次大型调查，通过"统一方案、统一调查、统一推算"的方式，重新建立运输量统计基数。并着手研究建立运输量统计长效机制，严格规范运输量统计标准、方法和数据来源，提高运输量统计的"简便性、抗干扰性、可追溯性"，加强数据质量监控。

二、面对新的经济社会发展周期，亟须开展大型调查，获取全面反映交通运输发展规模、结构、效率的统计数据，以科学编制"十三五"发展规划

在新一轮经济社会发展周期中，更加注重效率提升、产业优化和区域协调，对规划编制的基础和依据——统计数据的需求趋于多样化、精细化和规范化，日常统计工作成果难以支撑。为提高规划编制的广度、细度和深度，交通运输部组织开展大型调查，获取综合反映交通运输发展规模、结构和效率的统计调查数据。一是全面摸清交通运输业总产出和增加值，综合评价分行业发展水平和地区

差异；二是准确掌握交通运输能源消耗，客观检验能源利用状况；三是获取分货类、运距、区域以及流量流向等细化运输量数据，系统掌握里程利用率、实载率等效率指标。

三、在国家加强服务业统计的大背景下，必须依托专项调查组织形式，新建交通运输财务统计调查体系，填补"价值量"统计空白

2011 年，《国务院办公厅转发统计局关于加强和完善服务业统计工作意见的通知》，要求交通运输部自 2012 年起，年度报送包括财务指标和生产指标在内的服务业统计数据。由于交通运输部门长期"重实物量统计、轻价值量统计"，导致反映行业经济贡献和作用的价值量指标缺失，统计工作基础薄弱。面临紧迫的国家工作要求，必须通过专项调查这种"运动式"的组织形式，快速而有效地在全国范围内新建价值量统计体系，填补价值量统计空白。

第二节　调查内容

调查涵盖了道路运输和水上运输两部分，其中道路运输从调查内容上包括了车辆调查和企业调查两个部分。

一、道路运输

车辆调查的范围包括客运车辆和货运车辆以及出租汽车。企业调查范围包括公路运输企业、公路运营企业（行政事业单位）和城市客运企业。

从调查内容上看，车辆调查信息包括车辆的基本信息、运输信息和经营信息。基本信息主要包括车辆类型、业户类型等。运输信息主要包括客货运量、周转量、行驶里程等。经营信息主要包括运输收入、燃料费、维修保养费、车辆保险费等。

企业（行政事业单位）调查信息包括企业（行政事业单位）的基本情况、财务状况和生产状况等。基本情况主要包括企业（行政事业单位）名称、组织机构代码、登记注册类型、机构类型、执行会计标准类别等。企业财务状况主要包括固定资产原价、本年折旧、资产总计、负债合计、所有者权益合计、营业收入、营业税金及附加、管理费用、财务费用、营业利润、应付职工薪酬等。行政事业单位财务指标主要包括固定资产原价、年度收入、财政拨款、事业收入、经

营收入、本年支出、工资福利支出、商品和服务支出、对个人和家庭补助支出、经营支出、销售税金等。企业（行政事业单位）生产状况主要包括客货运量、旅客发送量等业务生产指标。

二、水上运输

船舶的调查范围包括在水路运输管理部门审批、备案，依法从事营业性旅客和货物运输的所有内河和海洋船舶。企业调查范围包括水路运输企业、港口企业以及水上运输辅助单位。

调查内容包括船舶调查信息、企业（行政事业单位）调查信息以及相关站点调查信息。

船舶调查信息包括船舶的基本信息、运输信息和经营信息。基本信息主要包括船舶类型、经营业户类型等。运输信息主要包括客货运量、周转量、航行里程等。经营信息主要包括运输收入、燃料费、维修保养费、船舶保险费等。

企业（行政事业单位）调查信息包括企业（行政事业单位）的基本情况、财务状况和生产状况等。基本情况主要包括企业（行政事业单位）名称、组织机构代码、登记注册类型、机构类型、执行会计标准类别等。企业财务状况主要包括固定资产原价、本年折旧、资产总计、负债合计、所有者权益合计、营业收入、营业税金及附加、管理费用、财务费用、营业利润、应付职工薪酬等。行政事业单位财务指标主要包括固定资产原价、年度收入、财政拨款、事业收入、经营收入、本年支出、工资福利支出、商品和服务支出、对个人和家庭补助支出、经营支出、销售税金等。企业（行政事业单位）生产状况主要包括客货运量、港口吞吐量等业务生产指标。

从调查的数据使用目的上看，船舶的调查主要用于进行运输量的推算，而企业调查主要用于交通运输经济数据的核算使用。

第三节　调查技术方案

一、道路运输行业

1. 车辆调查方法

（1）客运车辆。客运车辆采用分层抽样方法。具体为：

抽样框：由各省利用运政系统整理形成客运车辆抽样框。

划分基本层：根据车辆所在地市划分地市层，再根据车辆类型划分成载客汽车和其他载客机动车两层，然后在载客汽车层内根据车辆经营范围划分为跨省班线、跨市班线、跨县班线、县内班线、旅游客运及包车客运、其他客运六个经营类型层，最后按照线路里程或标记客位划分至基本层。具体划分方式如表10-1所示。

表10-1　客运车辆基本层划分及编码

车辆类型	经营范围	基本层	基本层编码
载客汽车	跨省班线	X<200	111
		200≤X<400	112
		400≤X<800	113
		X≥800	114
	跨市班线	X<200	121
		200≤X<400	122
		400≤X<800	123
		X≥800	124
	跨县班线	X<200	131
		X≥200	132
	县内班线	—	140
	旅游客运及包车客运	Y≤30	151
		Y>30	152
	其他客运	Y≤30	161
		Y>30	162
其他载客机动车	—	—	170

确定样本量：保证在95%的置信度下，主要调查目标量（客运量、周转量、增加值）估计的极限相对误差为10%~15%，来确定各省客运车辆最低样本量。

样本量分配：根据下发的省级样本量，按照全省抽样框中各地市客运车辆拥有量占全省客运车辆拥有量总数的比例计算地市样本量。同时，为确保地市推算精度，对地市样本量作以下要求：地市车辆数低于500辆时，样本量不少于50；地市车辆数在500（含）~1000的，样本量不少于80；地市车辆数在1000（含）~2000的，样本量不少于100；地市车辆数在2000（含）~5000的，样本量不少于 150；地市车辆数高于 5000（含），样本量不少于 200。

车辆抽取：以标记客位大小进行排列，采用等距抽样方法。

调查期：客运车辆的运输信息调查期为 2013 年 9 月 1 日至 30 日的某一日，并保证样本车辆均匀分布；经营信息调查期为 2013 年 9 月 1 日至 30 日。

（2）货运车辆。货运车辆也采用分层抽样方法，基本调查方法与客运车辆调查方法类似。在分层时，首先根据车辆所在地市划分地市层，其次在地市层内根据车辆类型划分成载货汽车、其他载货机动车和轮胎拖拉机三层，再次在载货汽车层内根据车型结构划分成牵引车、挂车、集装箱车、罐车和其他载货汽车共五层，最后以标记吨位作为分层依据，在其他载货汽车层内划分成 2 吨及以下、2~4 吨（含）、4~8 吨、8（含）~20 吨、20 吨以上五层。具体划分方式如表10-2 所示。

表 10-2　货运车辆基本层划分及编码

车辆类型	车型结构	基本层	基本层编码
载货汽车	牵引车	—	210
	挂车	—	220
	集装箱车	—	230
	罐车	—	240
	其他载货汽车	X≤2	251
		2<X≤4	252
		4<X<8	253
		8≤X<20	254
		X≥20	255
其他载货机动车	—	—	260
轮胎拖拉机	—	—	270

注：表中 X 指车辆的标记吨位。

货运车辆的运输信息调查期为 2013 年 9 月 1 日至 30 日的某一日，并保证样本车辆均匀分布；经营信息调查期为 2013 年 9 月 1 日至 30 日。

（3）出租汽车。出租汽车采用重点调查方法。由交通运输部根据各省出租汽车的保有量情况测算出各省的最低样本量。并规定各省根据下发的省级调查量，按照全省抽样框中各地市出租汽车拥有量在全省占比计算地市调查量，并确保各地市调查量不得少于 30 辆。同时，由省级单位在确保不同经济类型（个体、企业车辆)、不同运行模式(单班、双班、三班及以上)车辆数、不同燃料类型的结构比例与本地出租汽车整体情况保持基本一致的前提下,自行选择调查样本。

出租汽车的调查期为2013年9月1日至30日。

2. 企业调查方法

企业调查内容以财务相关信息为主,调查时期为2012年1月1日至12月31日及2013年1月1日至6月30日,即2012年全年报及2013年的上半年报。

(1)公路运输企业。针对主营公路客货运输、拥有公司化运营车辆的法人企业,主营客运站经营的法人企业,主营货运站经营的法人企业进行全面调查。

首先,由各省管理部门以在本省道路运输管理部门办理道路运输经营许可证、处于正常经营状态的公路运输企业为对象,以企业名称、组织机构代码、联系人、联系方式等指标为主要内容,建立公路运输企业名录。其中,对于仅从事公路货运的企业,只整理车辆数在10辆(含)以上的企业情况。

其次,利用整理的全省公路运输企业名录,选取主营公路运输的法人企业进行调查。对于仅从事公路客、货运输的企业,应选择拥有公司化运营车辆的企业进行调查。所谓公司化运营是指车辆产权归属企业、车辆由企业统一调度、车辆的收入和成本统一由企业核算。

(2)公路运营单位。采用全面调查方法。首先,由各省级管理单位按照管理业务台账建立单位名录;其次,根据名录选取主营收费公路的法人企业(行政事业单位)进行调查。

(3)城市客运企业。采用全面调查方法。由各省级管理单位按照管理业务台账建立单位名录,再根据名录选取主营城市客运的法人企业进行调查。

调查时间为2012年1月1日至12月31日及2013年1月1日至6月30日。

二、水上运输行业

1. 船舶调查方法

(1)内河客船。针对内河客船采取全面调查方法。由各省交通运输主管部门根据不重不漏原则,整理形成内河运输船舶名录,选取其中的普通客船、旅游客船、高速客船、普通客货船、客货滚装船形成内河客船名录。然后,选取所有的内河客船进行调查。其中,运输信息调查期为2013年9月1~30日的某一日。经营信息调查期为2013年9月1~30日。

(2)内河货船。内河货船采取分层抽样调查方法,基本调查方法与客运车辆和货运车辆调查方法类似,在分层时,首先根据船舶所在地市划分地市层,其次在地市层内根据内河货船类型划分成拖船、驳船、集装箱船、液货船、滚装船和其他货船共六层，最后按照净载重量进行基本层的划分。具体划分方式如表10-3所示。

表 10-3　内河货船基本层划分

船舶类型	基本层	基本层编码
拖船	—	310
驳船	X≥10000	321（必调查层）
	3000≤X<10000	322
	1000≤X<3000	323
	0<X<1000	324
集装箱船	X≥10000	331（必调查层）
	7000≤X<10000	332
	3000≤X<7000	333
	1000≤X<3000	334
	0<X<1000	335
液货船	X≥10000	341（必调查层）
	5000≤X<10000	342
	3000≤X<5000	343
	1000≤X<3000	344
	0<X<1000	345
滚装船（客货滚装船、货运滚装船）	X≥10000	351（必调查层）
	1000≤X<10000	352
	0<X<1000	353
其他货船（客货船、散货船、杂货船、多用途货船、其他）	X≥10000	361（必调查层）
	5000≤X<10000	362
	3000≤X<5000	363
	1000≤X<3000	364
	0<X<1000	365

注：表中 X 指船舶的净载重量。

内河货船的运输信息调查期为 2013 年 9 月 1 日至 30 日的某一日，并保证样本船舶均匀分布；经营信息调查期为 2013 年 9 月 1 日至 30 日。

（3）海洋客船、海洋货船。海洋船舶采取全面调查的方法。由各省交通运输主管部门根据不重不漏原则，整理形成海洋运输船舶名录，选取其中的普通客船、旅游客船、高速客船、普通客货船、客货滚装船形成海洋客船名录，选取其中的普通客货船、客货滚装船、杂货船、散货船、货运滚装船、集装箱船、液货船、多用途货船、其他货船、拖船和驳船形成海洋货船名录。然后选取所有的海洋船舶进行调查。其中，海洋客船的运输信息调查期为 2013 年 9 月 1～30 日的某一日，经营信息调查期为 2013 年 9 月 1～30 日。海洋货船的运输信息和经营信息调查期均为 2013 年 9 月 1～30 日。

2. 企业调查方法

企业调查内容以财务相关信息为主，调查时期为 2012 年 1 月 1 日至 12 月 31 日及 2013 年 1 月 1 日至 6 月 30 日，即 2012 年全年报及 2013 年的上半年报。

（1）水路运输企业和港口企业。采用全面调查方法。首先，由各省级管理单位按照管理业务台账建立单位名录。根据不重不漏原则，以办理水路运输许可证、处于正常经营状态（截至 2012 年 12 月 31 日）的所有从事内河客运、内河货运、海洋客运、海洋货运、城市客运轮渡的企业为对象，建立水路运输企业名录；以取得港口行政管理部门的经营许可、处于正常经营状态（截至 2012 年 12 月 31 日）的所有从事港口生产的企业为对象，建立港口企业名录。其次，根据名录选取水路运输的和港口经营的法人企业进行调查。

（2）水上运输辅助单位。部海事局、部救助打捞局分别梳理其下属机构中从事航道、航务、救助、打捞以及灯塔、航标等管理的单位名录，对名录中的单位进行全面调查。

交通运输部长江航务管理局、交通运输部珠江航务管理局、交通运输部长江口航道管理局分别梳理其下属机构中从事航道、航务、救助、打捞以及灯塔、航标等管理的单位名录，对名录中的单位进行全面调查。

各省（自治区、直辖市）分别梳理本省各级港航管理部门、地方海事管理部门单位名录，对名录中的单位进行全面调查。

第四节　调查主要结果

本次调查共调查了营业性客车 56185 辆、营业性货车 196670 辆、内河货船 18023 艘，占总体的比例分别为 7.45%、1.48%、13.76%；调查内河客船 16006

艘、海洋客船 1477 艘、海洋货船 9914 艘，为全面调查；调查运输企事业单位
29875 家，为主营交通运输、具备法人资质的企事业单位。

（1）公路客运。调查结果显示，2013 年，全国营业性客车完成公路客运量
185.35 亿人，旅客周转量 11250.94 亿人千米，平均运距为 60.70 千米。

按经营范围划分，班线客车、旅游包车及其他客车的客运量所占比重分别为
92.7% 和 7.3%，旅客周转量所占比重分别为 85.6% 和 14.4%。

按运距划分，运距为 100 千米以下、100～200 千米、200～400 千米、400～
800 千米和 800 千米及以上的客运量所占比重分别为 85.3%、8.4%、3.8%、
1.7% 和 0.8%，旅客周转量所占比重分别为 38.5%、16.7%、15.4%、14.3%
和 15.0%。

全国营业性客车的里程利用率和客位利用率分别为 91.3% 和 67.3%。

营业性客车中，15 座及以下、16～30 座和 30 座以上汽油车的百公里油耗分
别为 10.19 升、17.57 升和 25.37 升，15 座及以下、16～30 座和 30 座以上柴油
车的百公里油耗分别为 12.47 升、18.05 升和 25.42 升。

（2）公路货运。2013 年，全国营业性货车完成货运量 307.66 亿吨，货物周
转量 55738.08 亿吨千米，平均运距为 181.16 千米。

按车辆类型划分，栏板及厢式车、挂车和罐车货运量所占比重分别为
68.3%、26.2% 和 5.6%，货物周转量所占比重分别为 44.3%、53.4% 和 2.3%。

按运距划分，运距为 100 千米以下、100～400 千米、400～800 千米、800～
1200 千米和 1200 千米及以上货运量所占比重分别为 60.6%、26.4%、7.6%、
2.7% 和 2.7%，货物周转量所占比重分别为 11.8%、27.2%、22.3%、13.5%
和 25.2%。

按货物种类划分，除其他货类之外，货运量占比前三位的货类依次为：矿物
性建筑材料（22.4%）、煤炭及制品（10.3%）和水泥（8.7%）；货物周转量占
比前三位的货类依次为：煤炭及制品（13.4%）、轻工医药制品（11.6%）和农
林牧渔业产品（11.1%）。

全国营业性货车的里程利用率和吨位利用率分别为 64.0% 和 125.2%。

营业性货车中，2 吨及以下和 2 吨以上汽油车的百公里油耗分别为 12.21 升
和 26.51 升，2 吨及以下、2～4 吨、4～8 吨、8～20 吨和 20 吨及以上柴油车的百
公里油耗分别为 15.28 升、18.77 升、23.12 升、30.49 升和 34.47 升。

（3）水路客运。2013 年，全国营业性客船完成客运量 2.35 亿人，旅客周转
量 68.33 亿人公里，平均运距为 29.03 公里。

按航区划分，内河、沿海和远洋客运量所占比重分别为 62.3%、29.9% 和 7.8%，旅客周转量所占比重分别为 47.7%、32.8% 和 19.5%。

按旅客流向划分，全国各省的省内客运量占全国水路客运量的 87.2%。

全国营业性客船的里程利用率和客位利用率分别为 95.9% 和 48.5%。

营业性客船中，内河客船的百公里燃耗为 0.23 吨标准煤，沿海客船的百公里燃耗为 1.10 吨标准煤，远洋客船的百公里燃耗为 1.32 吨标准煤。

（4）水路货运。2013 年，全国共完成水路货运量 55.98 亿吨，货物周转量 79435.65 亿吨公里，平均运距为 1419.04 公里。

按航区划分，内河、沿海和远洋货运量所占比重分别为 57.9%、29.4% 和 12.7%，货物周转量所占比重分别为 14.5%、24.2% 和 61.3%。

按货物种类划分，除其他货类外，货运量占比前三位的货类依次为：矿物性建筑材料（32.5%）、煤炭及制品（19.4%）和非金属矿石（6.8%）；货物周转量占比前三位的货类依次为：煤炭及制品（22.9%）、石油天然气及制品（19.2%）和矿物性建筑材料（8.7%）。

按货物流向划分，全国各省的省内、省际、进出境及第三方运输货运量所占比重分别为 36.9%、54.3% 和 8.8%。

全国营业性货船的里程利用率和吨位利用率分别为 74.3% 和 80.6%。

营业性货船中，内河货船的百公里燃耗为 0.44 吨标准煤，沿海货船的百公里燃耗为 3.35 吨标准煤，远洋货船的百公里燃耗为 10.16 吨标准煤。

第十一章　2019 年道路货物运输量专项调查

2019 年，国家统计局开始尝试在全国推进 GDP 统一核算改革，并在全国范围内正式开展了第四次全国经济普查数据采集工作。无论是 GDP 统一核算改革还是全国经济普查工作，对交通运输行业的运输量统计体系均会带来新的影响和需求。为更好服务交通运输行业高质量发展和交通强国建设，配合做好全国第四次经济普查和地区生产总值统一核算改革工作，进一步提高道路货物运输量统计数据的真实性和准确性，探索建立道路货物运输经营业户统计调查机制，2019 年交通运输部决定在全国范围内组织开展了全国道路货物运输量专项调查工作。

本次专项调查聚焦数据的真实性，全面创新调查理念、方法和手段。一是将调查对象由传统的车辆转变为业户，对拥有道路运输经营许可证、依法从事道路货物运输的企业和个体经营户进行调查，进一步夯实数据质量主体责任。二是采用全面调查和抽样调查相结合的方法，对拥有 50 辆及以上货运车辆的规模以上企业进行全面调查，对规模以下企业和个体经营户进行抽样调查。三是依托联网直报系统和移动端 App 采集数据，一数到部、多级监管、全程留痕，全面提高调查效率和数据真实性。

第一节　调查内容

本次专项调查的调查内容仅包括道路货运行业，调查内容主要包括两大部分，分别是针对道路货运经营业户的调查和针对货运车辆的调查。

道路货运经营业户调查主要调查业户的运力情况、运输情况、财务和能耗情况。其中，运力情况调查主要是调查业户名下车辆的车辆总数、标记吨位数、总质量、集装箱箱位数等。以上统计的指标单独按牵引车、挂车、集装箱车、冷藏保温车进行分组统计。运输情况调查包括：业户调查期内车辆完成的趟次数、货运量、货物周转量和平均运距。以上统计指标再分别按照集装箱车、冷藏保温车、危险品车车辆类型分组统计，按煤炭及制品、金属矿石、矿建材料及水泥等货物种类分组统计。财务和能耗情况调查主要包括调查企业的资产总计、负债总计、营业收入、营业成本。

货运车辆调查主要调查样本车辆的车牌号、车牌颜色、标记吨位、总质量等车辆基本属性信息，车辆趟次数、行驶里程、载货里程、高速公路里程、货运量、货物周转量、平均运距、主要货物种类等车辆运输信息以及车辆燃料类型、能耗等信息。

第二节　调查技术方案

本次专项调查采用二阶抽样方法。以各省（自治区、直辖市）的经营业户作为第一阶段抽样框，分运力规模抽取一定数量的经营业户作为第一阶段样本，填报道路货运经营业户调查相关信息。在每个省第一阶段样本中抽取一定比例的企业，每个企业按照吨位均匀覆盖的原则抽取一定数量车辆作为第二阶段样本，填报车辆调查信息。

1. 第一阶段抽样

（1）抽样框。各省（自治区、直辖市）拥有道路运输经营许可证，依法从事道路货物运输的经营业户。

（2）样本量的确定及分配。拥有 50 辆及以上货运车辆的企业全面调查，拥有 10~49 辆货运车辆的企业抽样比为 7%，拥有 5~9 辆货运车辆的企业抽样比为 5%，拥有 5 辆以下货运车辆的企业抽样比为 2%，个体经营户抽样比为 1.3%。

各层内经营业户按照车辆数从大到小排序，采用等距抽样的方法抽取样本。

2. 第二阶段抽样

（1）抽样框。各省（自治区、直辖市）第一阶段样本中抽取 10% 的企业，在每个企业的货运车辆中进行样本车辆抽取。个体经营户和车辆数在 10 辆以下的企业不再进行第二阶段抽样。

（2）样本量的确定及分配。拥有 100 辆及以上货运车辆的企业抽取 4 辆车，拥有 50~99 辆货运车辆的企业抽取 3 辆车，拥有 10~49 辆货运车辆的企业抽取 2 辆车。

每个企业内货运车辆按照总质量从大到小排序，采用等距抽样的方法抽取样本（见表 11-1）。

表 11-1　二阶抽样方法

经营业户规模		层代码	第一阶段业户抽样比（%）	第二阶段业户抽样比（%）	每个业户样本车辆数
企业	100 辆及以上	101	100	10	4
	50~99 辆	102	100	10	3
	10~49 辆	103	7	10	2
	5~9 辆	104	5	—	—
	5 辆以下	105	2	—	—
个体经营户		201	1.3	—	—

第三节　调查主要结果

本次调查共涉及经营业户 85547 家，其中规模以上企业 21980 家，规模以下企业 20361 家，抽样率为 5.6%；个体经营户 43206 家，抽样率为 1.4%。

（1）货物运输量。2019 年 9 月，全国营业性货运车辆完成货运量 31.82 亿吨，货物周转量 5628.09 亿吨公里，平均运距为 177 公里。2019 年，全国营业性货运车辆完成货运量 343.55 亿吨，货物周转量 59636.39 亿吨公里，平均运距为 174 公里。

（2）运输效率。2019 年 9 月每辆货车每日平均行驶 190 公里，运输货物 12.0 吨。每吨货物运输距离平均为 177 公里。

（3）经营主体。2019 年 9 月规模以上企业、规模以下企业、个体户分别完成货运量 8.75 亿吨、11.44 亿吨、11.63 亿吨，占比分别为 27.5%、36.0%、36.5%；货物周转量 2125.26 亿吨、1637.20 亿吨、1865.62 亿吨，占比分别为 37.8%、29.1%、33.1%；平均运距分别为 243 千米、143 千米、160 千米（见图 11-1）。

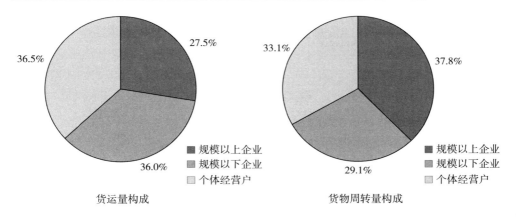

图 11-1 分经营主体货物运输量比重

（4）货类构成。货运量的主要货类构成中，矿建材料及水泥占比最高，为 38.7%；其次是煤炭及制品，占比 12.6%；轻工医药产品、金属矿石、机械设备电器、鲜活农产品"等货类次之，占比分别为 7.9%、7.1%、6.7% 和 5.9%。

（5）经营情况。2019 年 9 月主营道路货物运输业务的企业平均资产负债率为 76.9%，营业利润率为 5.0%。个体经营户平均营业收入为 2.44 万元，燃油费、通行费、保险费、维修费等支出为 1.55 万元。此外，还需承担车辆折旧费用、人工成本等。

第十二章 高速公路运输量统计

交通运输行业信息化发展多年，部分领域已积累大量的业务数据资源，这些数据资源准确、及时、颗粒度细，逐渐成为行业管理部门掌握行业运行动态的重要工具，也有效地补充了行业调查数据。特别是随着我国高速公路建设通达深入和广度不断扩大，高速公路联网收费系统数据代表性逐渐增强，系统内蕴含的海量高速公路客货车辆通行明细数据颗粒度细、准确度高、动态及时，能够客观反映各区域运输生产、货物流量流向等真实情况，反映货物流动特征和规律。通过对高速公路联网收费系统中明细数据进行分析归类整理，可将其应用到运输量统计调查工作中，作为运输量统计调查数据的有力补充。

第一节　高速公路联网收费数据现状

一、高速公路联网收费数据概况

经过多年高速公路的建设发展，全国"五纵七横"高速公路格局已初具规模，大部分省份高速公路网也已经基本形成，各省高速公路联网收费系统相继建立运行，为车辆高速公路快速通行奠定了良好的基础。

高速公路联网收费系统内的数据来自车辆通过高速公路时的进出收费站的读卡信息，车辆通过收费站入口处时领取 IC 卡，在出口处通过读取 IC 卡信息对车辆进行缴费（包括 ETC 缴费方式；信息类似也可被及时采集），从而在出口车道处产生一条明晰数据。大部分省份高速公路联网收费数据实现三级或者四级传输模式：车道—收费站—路段分中心管理处—省联网结算中心。

目前，除海南和西藏高速公路不收费外，全国其余 29 个省份的高速公路都已实施了省级高速公路联网收费制度，由省级高速公路联网收费（管理、结算）中心对本省高速公路收费数据进行统一清分、结算、管理。

二、高速公路联网收费数据内容

高速公路联网收费系统中蕴含了大量的车辆出入高速公路的信息、卡口视频图像、车牌识别图片等，一般包括车辆出入口收费站编号、出入口日期及时间、出入口车道编号、出入口车牌号、出入口车型车种信息、收费金额、收费员信息、行驶里程、货重等 100 多项数据内容。虽然各省高速公路收费系统中数据内容不完全相同，但是基本都蕴藏着通行车辆属性信息、车辆在高速公路上行驶信息、收费信息等。

为充分利用现有数据反映行业运行态势，"十二五"时期，依托交通运输部信息化发展规划重大工程四——"交通运输统计分析监测和投资计划管理信息系统（一期）工程"的建设，建立了部级高速公路运输量动态监测系统，通过信息化手段部级监测系统可自动采集各省高速公路联网收费明细数据。从 2013 年开始，高速公路动态监测范围逐年不断扩大，截至 2018 年底，部级动态监测系统已经实现 29 个省份高速公路联网收费数据的自动化采集。部级高速公路动态监测系统要求各省上报与运输量关联密切的 22 项数据内容，具体包括：高速公路车流的进出收费站时间、收费站编号、车牌号、车型、车种、里程、超限率、车货总重、限重、是否 ETC 车、是否绿通车、免费车类型、支付方式等。

三、高速公路数据汇总指标

通过对高速公路联网收费数据的分类整理汇总，可生成如下全国和分省的主要高速公路数据指标：

（1）高速公路车流量。指高速公路上行驶的车辆数，单位：万辆。

（2）区域运输量。对某一省份而言，指流向为入省、出省和省内的客货运量。全国高速公路运输量不等于各省区域高速公路运输量之和，单位：万人（吨）。

（3）周转量。对某一省份而言，指所有流向的客货周转量。全国高速公路周转量等于各省高速公路周转量之和，单位：亿人（吨）公里。

（4）运输密度。指单位里程高速公路承载的旅客周转量或者货物周转量，单位：万人（吨）千米/公里。

（5）行程。指车辆在高速公路上行驶的里程数，单位：万车公里。

此外，还可从车辆流向、车型、轴数等角度对高速公路主要指标进一步细分，有效支撑和丰富行业运输量统计工作。

据统计，2018年29个省份高速公路联网收费系统中共有110亿辆次行驶记录，每个月约有9亿多条数据量。其中，北京、上海货车实施车型收费模式，高速公路联网收费数据中无法获取货车的总重、轴数等内容，因此高速公路货物运输量和周转量统计中北京和上海无法纳入，只能统计27个省份高速公路货物运输完成情况。

第二节 高速公路联网收费数据治理

虽然各省高速公路联网收费数据信息准确可靠，但是由于各省系统独立，系统数据内容和格式并没有规范统一，因此部级动态监测系统要对各省自动采集高速公路联网收费数据进行必要的规范和治理，保证数据切实可用。

一、部级高速公路运输量动态监测数据规定

交通运输部对各省自动采集的22项数据内容和格式进行了明确规定，具体如表12-1所示。

表12-1 高速公路收费数据明细表

序号	指标名称	指标说明
1	入口网络编号	入口收费站所属联网收费系统中的网络编号
2	入口站编号	入口收费站所属联网收费系统中的收费站编号
3	入口日期及时间	车辆在入口收费站领卡或刷卡的时间。示例：2014-03-01 09：48：11
4	出口网络编号	出口收费站所属联网收费系统中的网络编号
5	出口站编号	出口收费站所属联网收费系统中的收费站编号
6	出口日期及时间	车辆在出口收费站刷卡的时间。示例：2014-04-01 08：30：00
7	出口车道编号	出口车道的编号

序号	指标名称	指标说明
8	车牌号	通行车辆的车辆牌照号
9	车型代码	依据本省的高速公路收费车型划分标准划分的收费车型代码
10	车种代码	通行车辆为客车、货车或其他车种（0：客车；1：货车；2：其他）
11	里程	入口站与出口站之间的收费里程，单位：千米
12	总轴数	车辆的总轴数，各轴组的轴数之和，单位：个（仅限货车填写）
13	轴型及轴重	车辆各轴组的轴型及轴重信息（仅限货车填写）
14	车货总重	由称重系统得到的车货总重，单位：千克（仅限货车填写）
15	限重	车辆的限重，单位：千克（仅限货车填写）
16	超限率	车货总重超出限重的比率，计算方法：超限率=〔（车货总重-限重）/限重〕×100，单位:%（仅限货车填写）
17	是否绿色通道车辆代码	是否为绿色通道车辆（0：否；1：是）（仅限货车填写）
18	免费类型代码	免费车的类型代码，如军车、警车、车队等。根据收费系统实际情况填写
19	路径标识	标识车辆实际行驶路线的标识站代码集
20	是否 ETC 车道代码	车辆出口车道是否为 ETC 车道（0：非 ETC 车道；1：ETC 车道）
21	ETC 车辆电子标签 OBU 编号	ETC 车辆电子标签的 OBU 编号
22	支付方式代码	通行费支付方式〔0：现金支付；1：电子支付（非现金支付）；2：免费〕

　　除明细表以外，还对与明细表数据相关的高速公路收费站字典表、车型字典表、货车轴型字典表、免费类型代码字典表等进行了相应的规定。

二、部级高速公路运输量动态监测数据治理

　　截至 2018 年底，全国高速公路里程 14.26 万千米，高速公路收费站 9000 多个，全年高速公路记录条数近 110 亿条，数据容量近 2T。高速公路数据规模已非常庞大，各省数据量情况如图 12-1 所示。

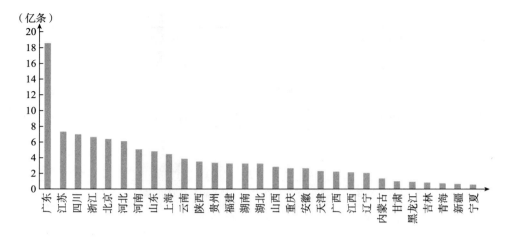

图 12-1　2018 年各省数据量

　　为做好各省高速公路数据采集传输工作，部高速公路运输量动态监测系统制定了采集流程和数据治理总体技术方案，具体如图 12-2、图 12-3 所示。

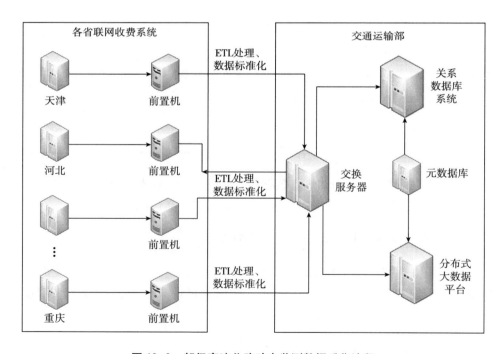

图 12-2　部级高速公路动态监测数据采集流程

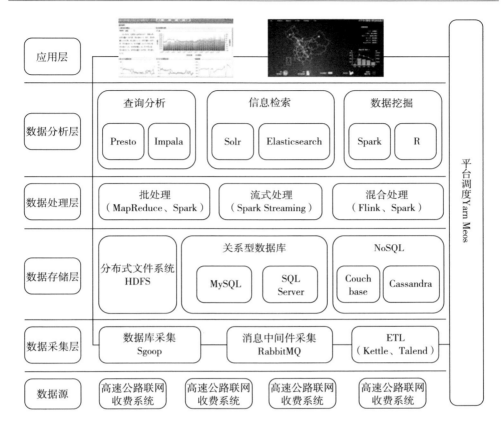

图 12-3　部级高速公路动态监测数据治理总体技术框架

　　高速公路数据量巨大，必定有部分数据的部分字段存在不规范或无法识别的特殊情况，另外各省高速公路收费政策不完全相同、收费系统生成数据时本身存在差异，而为了最大限度保留数据的原有含义，部级系统对采集到的各省数据进行了进一步治理。例如，"车牌号"在不同省份系统中格式不尽相同，有的省份车牌号带颜色，如"黄""蓝"，有的省份不带颜色；各省份免费类型设置及代码等均不相同；高速公路进出收费站的日期和时间格式不同；重大节假日免收通行费时段数据设置不同等。

第三节　高速公路运输量统计监测成果

经过多年的发展，目前高速公路运输量统计监测工作取得了较为丰富的成果，被国家统计局多次引用，作为交通运输行业利用大数据提升交通运输统计数据质量的先进典型案例。高速公路运输量统计监测当前的成熟工作成果主要体现在以下几个方面：

（1）高速公路运输量旬报。主要统计指标包括有分省高速公路货车流量、货运量、高速公路货物周转量（货车货运量×行驶里程）。高速公路货物运输量旬报数据作为重要的基础参考数据，运输量旬报核心数据直接报送给国务院。

（2）高速公路运输量统计监测月报。包括十九张统计表，主要统计分析指标有：客、货车流量，区域客、货运输量，客、货运周转量，客、货运密度，客、货车行程，分流向的客车流量，分流向的旅客出行量，分流向的旅客周转量，分流向的货车流量，分流向的货运量，分流向的货物周转量，分车型的客车流量，分车型的区域旅客出行量，分车型的旅客周转量，分轴数的货车流量，分轴数的区域货物运输量，分轴数的货物周转量，区域客、货车流量对比。高速公路运输量统计月报数据作为重要的数据成果，广泛应用于交通运输部日常规划政策制定和评估工作，也为部经济运行分析工作提供了有力支撑。

（3）作为行业运输量统计重要关联评估指标。高速公路运输量统计监测数据作为月度行业货物运输量统计的重要参考评估指标。2020 年 11 月交通运输部印发的《关于进一步完善运输量统计方法的通知》明确提出，道路货物运输量统计方法由"行业主管部门推算"调整为"规上企业全面调查+规下业户波动推算"，其中规模以下业户运输量要利用高速公路车货总重（车货总重×行驶里程）、普通国省道货车交通量等参数波动情况进行推算。在实际统计工作中，各省也都将高速公路运输量作为重要的波动参数来核算本省的月度货物运输量。部级层面，月度在对运输量、投资完成额等重要数据进行月度会审时，高速公路运输量波动情况也是重要的数据质量控制参考。

第十三章　北京市货运需求调查

第一节　概况

2010 年 11 月，北京市交通委员会与北京市统计局联合开展了首次基于需求方的城市中心区货运需求量调查，旨在掌握城市中心区货运需求的特点和规律，为货运管理及相关政策的制定提供决策依据。

目前国内的货运调查普遍为从承运方角度进行的"基于车辆或运输企业的调查模式"，即对货运车辆或货运企业进行抽样调查。各省交通主管部门组织的月度货物运输量调查均为基于运输企业或车辆而开展的，如北京每半年一次的货运量抽样调查，2008 年全国运输量专项调查也是基于运输车辆进行的抽样调查。与基于承运方的货运调查相比，基于需求方的调查涉及的行业众多，企业覆盖面广，货运差异性大，调查方案的设计也具有一定的难度，同时在调查实施方面存在很多困难。

就基于需求方的货运调查而言，国内几乎没有实际地实施过，北京最早在 2004 年探索性地进行了一次"四环路内货运需求调查"，采用了抽样调查的方法，以四环路以内的企业为总体，共抽取了 1551 个样本。调查内容包括单位基本情况、当前货运情况、对专业物流的需求意向等。调查的最终数据为了解四环路以内的货运需求、货运供给、物流需求等提供了重要的参考依据。

中心区货运需求量调查的核心目标量为 2010 年中心区货运需求总量，以北京市第二次经济普查的单位库中的中心区单位子库为总体框，以法人单位和个体户为抽样单元（基本单位），采用分层随机抽样的方法，以单位主营业务收入为辅助变量，共抽取样本 3271 个，其中法人单位 2431 个，个体户 840 个。调查表共有两张，一张中心区货运量调查表，调查期为 2010 年 11 月第一周；另一张为中心区月度货物量调查表，调查内容为 2009 年全年的货物运入量和运出量。调查方式分为两种，法人单位采用邮寄调查的形式，个体户采用调查员入户的形式。根据样本数据采用简单估计的方法推算得出目标量的估计值，并利用事后分层的方法进行结构数据的估计。

第二节　抽样方案

一、方案设计的考虑因素

1. 总体框具有不确定性

货运需求涉及中心区所有的机构和个体，若仅考虑机构的货运需求，暂且不考虑居民日常生活的货运需求，从单位性质来讲可区分为法人单位和个体户，也可进一步细分到产业活动单位。这一总体是在不断变化的，一方面抽样框不容易确定，很难获得完整的、及时的抽样单元的总体框；另一方面由于总体大小的不确定也会直接影响总量的估计，导致总体总量估计产生偏差。因此，在进行调查之前，必须慎重选择明确调查的总体框，以确保后续抽样及估计的准确性。

2. 货运需求与行业性质紧密相关

某一单位的货运需求产生于其生产经营活动，不同行业的生产经营活动具有不同的特点，货运需求自然也存在很大的差异。通常制造业、建筑业、批发和零售业等行业的企业货运需求较大，而金融业、软件业、教育业、公共管理与社会组织等行业的货运需求相对较小。制造业中生产水泥混凝土的企业与生产药品的企业相比，货运需求同样会有很大差距。因此，在进行抽样时，需充分考虑不同行业的特点，在抽样率的考虑上进行区别对待。

3. 货运需求与经营方式存在相关性

同一行业中经营性质不同的企业货运需求也会有很大差别，比如贸易公司，有些仅进行经济上的往来而不涉及货物运输，而有些存在商品交易则会涉及运输生产活动，同样类型的企业，经济规模相似但货运需求不同。因此，即使在同一行业内，也需要考虑企业的经营性质和经营方式，以便精细化分组，提高估计的精确性，了解行业的货运需求特点和规律。

4. 建筑货运需求显著

中心区的货运需求可以大致分为三部分：企业生产需求、居民生活需求和建筑需求。从量上来讲，建筑需求占比最大，尤其是北京现在还处于一个城市建设的重要时期，或者对于我国大多数地区和城市来讲，情况也是相近的。建筑需求从未来看并不是持续性的，随着城市的发展和扩张，城市内部的需求会逐渐减少，需求会逐步向外部转移。因此，在考虑城市总的货运需求时，需将建筑需求单独考虑，与生产生活需求相区分，同时要结合城市的发展来分析。

二、方案设计

货运需求调查的目的在于掌握货运需求的总量和特征，为保证获取数据的可靠性和有效性，需充分考虑调查对象的特点以及调查实施的可行性。总体思路为将北京市第二次经济普查的单位库中的中心区单位子库作为总体框，以法人单位和个体户为抽样单元，对法人单位和个体户分别进行分层随机抽样，且抽样分行业进行，在同一行业中考虑具体情况再进行分组，然后再分层确定样本量。作为基于需求方的调查，为避免重复，将道路运输业剔除在外。

由于法人单位和个体户在生产规模上具有很大差异，货运需求量的大小也相差很大，若抽样时不进行区分，样本中的个体户可能会很少。根据北京市第二次经济普查的情况，中心区法人单位的数量约为 15 万户，其中批发和零售业约为 6 万户，个体户的数量约为 24 万户，其中批发和零售业约为 18 万户，个体户在总的单位数中占比很高，尤其是批发和零售业占到总数的 3/4；另外，个体户的运输特点和法人单位也有很大差异，车次数多，单车次运量低，货类较为集中，多为与居民生活相关的货物。综上所述，将法人单位和个体户分别进行抽样。另外，考虑不同行业货运需求特点的不同，分行业抽样时，相应的抽样率可以有所差别。

考虑到中心区货运需求量调查为首次开展，没有历史数据，因此需选择一个与目标量有高度相关性的已有指标作为辅助变量。辅助变量的选取根据现有资料来确定，经过对已有指标的分析，最终确定以单位主营业务收入作为辅助变量。

调查表共有两张：一张为中心区货运量调查表，调查内容包括车次序号、运入运出、起点、终点、货类、运输车型、运输车辆吨位、运输方式、运输时段、货物重量、货物体积；另一张为中心区月度货运量调查表，调查内容为 2009 年全年的货物运入量和运出量（见表 13-2、表 13-3）。

调查表中的信息按车次填写，根据试调查的情况，考虑到调查对象填写调查表的可操作性，将调查期确定为一周，这里选取 2010 年 11 月为第一周。

考虑到调查实施的可操作性，对于法人单位和个体户采用不同的调查方式，法人单位采用邮寄调查的方式，个体户采取调查员入户的方式。

三、辅助变量的选择

调查以北京市第二次经济普查的单位库中的单位子库作为总体框。本次货运需求调查也充分运用了北京市第二次经济普查采集获取到的单位信息。经济普查中的单位信息包括单位的基本信息，如单位名称、组织机构代码、行业代码、地理位置、联系方式等；经济指标，包括主营业务收入、营业收入、支出合计等。已有的信息还包括工业、批发和零售业规模以上企业的货运量、运输费用；建筑业规模以上企业的钢材运输量、木材运输量、水泥运输量、平板玻璃运输量、铝材运输量、房屋建筑施工面积等。

辅助变量需和目标量之间具有很强的相关性，同时要作为分层标志，必须是可以预先获得的数据可信度高的指标，而且是每个抽样单元都具有的。从直观上讲，主营业务收入代表了企业的生产经营规模，同一行业的企业，主营业务收入越高，生产规模越大，相应的货运量也就越大。通过分析主营业务收入、营业收入、支出合计等经济指标与货运量、运输费用等运输相关指标之间的相关性得出，主营业务收入与货运量之间具有较强的相关性。从行业来看，工业、批发和零售业、建筑业在总的货运需求量中占到很大比重。因此，选择主营业务收入这一经济指标为辅助变量，作为分层随机抽样的依据。

四、抽样流程

抽样分为四个阶段：第一阶段为区分法人单位和个体户；第二阶段在法人单位和个体户中区分行业；第三阶段在行业中进行分组分层，计算样本量；第四阶段确定样本。

国民经济行业分类标准中共有 20 个门类，门类中包括若干个大类，大类中包括若干个中类，中类可再细分小类。对于货运需求量较小的行业，可以不进行分组，在门类中划分基本层即可，对于同一门类中货运需求差异仍较大的情况，需在门类中进一步细分组，划分基本层。

以单位的主营业务收入作为分层标志，从大到小进行排序，参考散点图分布，以变异系数小于 1 为标准进行分层，分层界限尽量选取整数，同时参考不同行业划分规模以上企业的界限，且层数以不大于 6 为宜。另外，对于主营业务收入特别高的企业，选为必调查层，进行全面调查。

确定基本层后，首先给定 95% 的置信度及 10% 的理论极限相对误差，利用奈曼分配原理计算样本量，其次采用简单随机抽样的方式确定样本。根据以往调查经验中的样本成功率及数据的有效性比例，实际调查的样本量确定为最低样本量的 5~8 倍，另外考虑到调查涉及行业较多，在调查实施中再根据实际情况进行样本的补充，尤其是个体户样本。另外，对于必调查层的样本，具有不可替代性，还需重点关注，以保证数据的可得性。

采用 Neyman 最优分配时，样本总量的计算公式为：

$$n = \frac{\left(\sum\limits_{h=1}^{L} N_h S_h \right)^2}{\left(\dfrac{r\overline{Y}}{\mu_{\frac{\alpha}{2}}} \right)^2 + \dfrac{1}{N} \sum\limits_{h=1}^{L} N_h S_h^2}$$

基本层的样本量的计算公式为：

$$n_h = n \frac{N_h S_h}{\sum\limits_h N_h S_h}$$

最终得到的分层及样本量情况如表 13-1 所示：

表 13-1　分层及样本量

单位性质	行业门类	基本层数量	单位个数（个）	样本量（个）
	小　计	141	148983	2431
法人单位	A 农业	1	44	44
	B 采矿业 C 制造业 D 电力、燃气及水的生产和供应业	21	6774	246
	E 建筑业	8	1210	168
	F 交通运输、仓储和邮政业（不含道路运输业）	7	1956	66
	G 信息传输、计算机服务和软件业	6	11529	154
	H 批发和零售业	35	59577	747
	I 住宿和餐饮业	14	7886	278
	J 金融业	7	831	45
	L 租赁和商务服务业	7	31832	77
	M 科学研究、技术服务和地质勘查业	7	13981	58
	N 水利、环境和公共设施管理业	5	529	85
	O 居民服务和其他服务业	6	6872	157

单位性质	行业门类	基本层数量	单位个数（个）	样本量（个）
法人单位	P 教育	5	1593	91
	Q 卫生、社会保障和社会福利业	5	705	74
	R 文化、体育和娱乐业	6	4872	139
	S 公共管理和社会组织	1	2	2
	小　计	52	240969	840
个体户	B 采矿业 C 制造业	5	3315	51
	F 交通运输、仓储和邮政业（不含道路运输业）	3	188	34
	G 信息传输、计算机服务和软件业	4	1273	39
	H63 批发业	5	31806	257
	H65 零售业	7	148168	191
	I 住宿和餐饮业	5	14704	40
	J 金融业	2	15	8
	L 租赁和商务服务业	4	9223	30
	M 科学研究、技术服务和地质勘查业	3	83	28
	O 居民服务和其他服务业	3	30461	50
	P 教育	3	188	44
	Q 卫生、社会保障和社会福利业	4	304	29
	R 文化、体育和娱乐业	4	1241	39
	个体户小计	52	240969	840
总　计		193	391162	3271

第三节　估计

　　调查的核心目标量为 2010 年中心区全年货运需求总量，抽样是分行业进行的，对每个行业进行基本层的划分，基本层有必调查层和抽样调查层，对于必调查层而言，直接加总即可，不产生抽样误差，因此估计只需讨论抽样调查层。

　　首先计算样本全年货运需求量，对于单个样本而言，需根据 11 月第一周的货运需求量，计算得到 11 月的货运需求量，这里假设周与周之间不存在波动，其次根据 2009 年月度之间运入、运出的波动情况，推算得到 2010 年全年的货运需求量。最后采用简单估计的方法估计中心区全年货运需求总量。对于分货类、分车型、分运输方式等结构数据，采用事后分层的方式进行估计。

抽样以主营业务收入作为辅助变量来分层，估计总量时可采用简单估计和比估计等方式，从整体上看主营业务收入和货运量具有较强的相关性，就某一个单位而言，货运量可能还会受到经营方式等其他因素的影响，甚至影响很大，因此这里采用简单估计的方式。

一、总量估计

总量估计主要分以下几个步骤：

第一步：计算月度波动系数。

样本的货运需求量由运入、运出两部分组成，分别计算每个基本层运入、运出的月度波动系数。记 X_{i0} 为第 k 个行业第 h 层第 i 个样本 2009 年 11 月的货运量，X_{it} 为 2009 年第 t 个月的货运量，n_h 为第 h 层的样本量，v_{ht} 为第 h 层的月度波动系数，则有：

$$v_{ht} = \frac{1}{n_h} \sum_i \frac{X_{it}}{X_{i0}}$$

第二步：估计样本全年货运需求量。

记 y_{hi0} 第 k 个行业第 h 层第 i 个样本调查周的货运需求量，d 为调查周的实际调查天数，D 为调查月天数，y_{hi} 为第 k 个行业第 h 层第 i 个样本全年货运需求量，则有：

$$\hat{y}_{hi} = \sum_t \frac{D}{d} y_{hi0} v_{ht}$$

第三步：估计基本层全年货运需求量。

记 n_h 为第 k 个行业第 h 层的样本量，N_h 为第 k 个行业第 h 层的单元总数，Y_h 为第 k 个行业第 h 层全年货运需求量，则有：

$$\hat{Y}_h = \frac{N_h}{n_h} \sum_i \hat{y}_{hi}$$

第四步：估计行业全年货运需求量。

记 Y_k 为第 k 个行业全年货运需求量，则有：

$$\hat{Y}_k = \sum_h \hat{Y}_h$$

第五步：估计全年货运需求总量。

记 Y 为中心区全年货运需求总量，则有：

$$\hat{Y} = \sum_k \hat{Y}_k$$

二、方差估计

中心区全年货运需求总量分两步计算得到，首先根据样本调查周的货运需求量及波动系数得到样本全年货运需求量，其次采用简单估计的方法得到中心区货运需求总量。这里仅考虑简单估计时产生的方差，且方差仅来源于抽样调查层。方差的计算过程如下：

第一步：计算基本层的样本方差。

记 $\bar{y}_h$ 为 k 个行业第 h 层的样本均值，s_h^2 为 k 个行业第 h 层的样本方差，则有：

$$s_h^2 = \frac{1}{n_h - 1} \sum_h (y_{hi} - \bar{y}_h)^2$$

第二步：行业货运需求量的方差估计。

第 k 个行业全年货运需求量估计值 $\hat{Y}_k$ 的方差估计为：

$$v(\hat{Y}_k) = \sum_h N_h (N_h - n_h) s_h^2$$

第三步：全年货运需求总量的方差估计。

中心区全年货运需求总量估计值 $\hat{Y}$ 的方差估计为：

$$v(\hat{Y}) = \sum_k v(\hat{Y}_k)$$

三、结构数据估计

调查指标中除货物重量外，还包括了车次序号、货类、运输车型、运输车辆吨位、运输方式、运输时段等信息，在估计核心目标量货运需求总量之外，还可以对分货类、分车型、分运输方式、分运输时段的货运需求量等结构数据进行估计。由于在抽样阶段进行分层时，主要考虑货运需求量这一核心指标进行辅助变量的选取，货类、车次等不具备相关信息作为参考，因此采取事后分层的方式进行结构数据的估计。

第四节　结　语

以上给出了详细的基于需求方的货运调查的方案，在调查实施中严格地按照方案执行，采集到了足够的有效样本，并以调查数据为基础估计出了 2010 年中心区全年货运需求总量及相应的结构数据，为掌握北京市中心区货运需求情况提供了充实的数据基础，货运管理等相关政策的制定提供了重要依据。

依据调查实施中反映出来的具体情况，该调查方案仍存在以下几点不足：①调查的总体框为北京市第二次经济普查的单位库中中心区单位子库，普查的时间节点为 2008 年，部分单位已经发生变化甚至不再营业，新增加的单位缺乏信息，尤其是个体户变化很大，导致总体框存在一定的偏差；②由于缺乏历史数据，对不同行业的货运需求特点信息掌握不充分，导致个别行业的样本量略有不足；③由于调查涉及的行业众多，数据的可得性和可靠性不足，数据审核工作有待加强；④抽样时仅考虑货运需求总量，未考虑结构数据，故结构数据的准确性未得到足够的保证。

针对以上存在的不足，今后其他城市若考虑开展类似调查工作，可以考虑从以下几个方面进行改进：①在尽可能的情况下，寻找最合适的总体框，虽然现实操作中受到的限制比较多，改进难度也较大，但是仍有一定的空间；②本次调查为以后提供了充分的历史数据基础，在抽样设计时可充分利用已有数据，进一步提高理论上的合理性；③增加初期筛选的样本量，以增加最终有效样本的数量，确保数据的可靠性；④在现有历史数据的基础上，抽样时增加对货类、运输方式等其他信息的考虑，进一步精细化抽样，以提高结构数据的准确性。

表13-2 中心区货运量调查表

表　号：京交调1表
制表机关：北京市交通委员会
批准文号：京统函〔2010〕163号
有效期至：2010年12月31日止

组织机构代码□□□□□□□□-□
机构名称（签章）：

2010年　月　日

车次序号	运入运出代码 1.运入 2.运出	起点代码 1.四环路以内 2.四环路至五环路之间 3.五环路以外	终点代码 1.四环路以内 2.四环路至五环路之间 3.五环路以外	货类代码	运输车型代码	运输车辆吨位代码 1.核载≤2吨 2.2吨<核载≤4吨 3.4吨<核载≤8吨 4.核载>8吨	运输方式代码 1.自行运输 2.供货方或提货方运输 3.委托第三方运输	运输时段代码 1.23:00~次日6:00 2.9:00~16:00 3.其他	运输货物重量（吨）	运输货物体积（m³）
甲	乙	丙	丁	戊	己	庚	辛	壬	1	2

补充资料：目前白天（9:00~16:00）运输的货物是否可夜间（23:00~次日6:00）运输？ ○是 ○否
必须白天运输的理由（多选）：□1.客户要求 □2.夜间接货扰民 □3.夜间接货增加人工成本 □4.缺乏能够提供夜间保管的仓储设施 □5.货物性质要求及时配送 □6.工期要求或合同约定 □7.市场运力充足，可以满足白天运输的需求 □8.其他___

填表人：___　报出日期：___年___月___日
统计负责人：___　联系电话：___
单位负责人：___

表 13-3 中心区月度货运量调查表

表　　号：京交调 2 表
制表机关：北京市交通委员会
批准文号：京统函〔2010〕163 号
有效期至：2010 年 12 月 31 日止

组织机构代码□□□□□□□□-□

机构名称（签章）：　　　　　　2009　年

月份	货物运入量（吨）	货物运出量（吨）
甲	1	2
1		
2		
3		
4		
5		
6		
7		
8		
9		
10		
11		
12		
合计		

单位负责人：_____ 统计负责人：_____ 填表人：_____ 联系电话：_____ 报出日期：
_____ 年____月____日

第四篇
国际篇

第十四章　美国的运输量统计

美国的运输统计主要是从运输服务的使用者角度进行统计的，统计对象为运输的最终用户或者是运送的货物。1992 年以前，美国的运输统计一直是由行业协会或社会机构根据某些用户特定需求开展一些零散的专项统计，统计既不成体系，也没有延续性。1991 年，美国"冰茶法案"要求在联邦交通运输部组建专门的运输统计局（BTS），1992 年 BTS 正式组建后，开展了一系列的运输统计工作，美国的运输统计开始正式走向体系化发展之路。

第一节　统计组织

美国国家统计体系属于分散型统计体制，全国有近 100 个联邦机构从事各自分管领域的政府统计工作，其中有 13 个机构主要职能是从事统计工作。目前美国联邦政府的统计内容涵盖了经济、人口、农业、犯罪、教育、能源、环境、卫生、科学和交通等方面，主要为了满足联邦政府决策和各个联邦机构职能管理的需要。为保证高度分散的政府统计体系有序高效运转，美国联邦政府建立了一套统计工作管理和协调机制，其中总统预算与管理办公室（以下简称 OMB）充当联邦统计"总协调人"角色。OMB 在统计事务方面的主要职能是审查联邦政府各部门统计机构报送的财政预算；制定统一的统计制度和方法，包括统计调查标准、分类标准、数据发布标准、私密信息保护指南等；审批统计调查项目；协调统计机构之间的合作与信息共享；参加国际统计事务等。美国信息收集和统计工作机制较为健全，有明确的法律依据；也有固定的经费来源，仅 1998~2003 年，运输统计局从高速公路依托基金中就得到 3100 万美元的资金支持。此外，各部门、各级政府有明确的分工和法律责任。相关责任也能明确到市场的参与主体——公司或个体经营业户。

美国交通运输统计管理沿袭了国家统计体系的特点，也是采用了分散统计的统计体制。美国大部分交通运输统计数据采集工作主要依靠交通运输部各业务职能机构、其他政府机构、行业协会及私人咨询机构来承担完成。

联邦运输统计局（The Bureau of Transportation Statistics，BTS）是美国最为重要的交通运输统计机构。BTS 最早成立于 1992 年 12 月，当时是作为美国联邦交通运输部的一个独立下设机构存在，2005 年被划归 DOT 下设的研究和技术创新管理局。BTS 的主要职能是负责全国交通运输各类统计资料的分类汇总、提交各类分析报告，包括运输系统的通达范围及运营状况、运输安全、民众出行及货物流动情况，确保数据的准确性和及时性，满足编写运输与经济增长，运输、能源与环境，运输与国家安全分析报告的需要，进而为各级政府提供决策支持服务。总体来看，BTS 的职责定位不是以采集生产数据为主，核心功能还是在于整合共享数据，主要发挥协调、联络和指导作用，负责收集、公布交通运输相关统计信息，负责协调美国运输部和其他联邦政府及机构，获取并整合相关运输统计信息，建立信息共享机制，并充分发挥州、地方政府和私人机构的历史优势，分散开展运输统计工作。

除 BTS 之外，交通运输部的其他组成机构包括联邦航空管理局（Federal Aviation Administration，FAA）、联邦公路局（Federal Highway Administration，FHWA）、联邦汽车承运人安全管理局（Federal Motor Carrier Safety Administration，FMCSA）等机构均或多或少地承担或者组织开展部分统计任务。其中 FAA 主要负责统计航空机场、航空客运的情况。FHWA 则主要负责跟 BTS 共同负责货运分析框架（Freight Analysis Framework，FAF）的建设运维工作。FMCSA 则主要统计一些关于商用大货车和巴士车辆运输安全方面的信息。

从统计体系分层和项目组织来看，美国的运输统计在项目体系上包括两个层次：第一层次是由美国运输部下属的运输统计局与其他机构组织的全国范围内的运输统计项目；第二层次是地方各州、行业协会或社会中介机构组织的局部或者小范围的调查。

表 14-1 显示了美国全国范围内持续开展的主要运输统计项目基本情况。

表 14-1　美国全国范围主要运输统计项目情况①

项目名称	数据收集频率	组织实施机构
商品流调查	5 年一次	运输统计局、人口普查局
全国家庭出行调查	5 年一次	运输统计局、人口普查局
交通运输地理信息系统	随时	运输统计局
卡车存量与使用调查	5 年一次	运输统计局、人口普查局
卡车运输协会月度报告	月度	卡车运输协会
跨境货运调查	月度	运输统计局

从统计项目上来看，美国的统计项目最明显的特点就是并不严格按照运输方式来进行区分，而是按照特定的统计目标指向来设计统计项目。全国层面开展的商品流调查、全国家庭出行调查等基本上涵盖了全方式。每一个统计项目有自身的特定目的，而在特定的目的指向下，各种运输方式的数据都得到充分的收集，货物和旅客流动的全过程信息能得到较为全面的收集，有利于支撑综合运输体系建设和交通基础设施的规划。

第二节　统计方法

美国交通部运输统计方式主要包括常规性统计报表和专项调查。常规性统计报表是美国通过法律的形式规定特定的统计对象填报相应统计报表，以获得统计数据。如美国交通部对一二类运输承担者要求填报年度与季度经营数据统计报表。专项调查一般由交通部组织实施，如交通部运输统计局与人口普查局等单位联合开展的"商品流动调查""全国家庭出行调查"等，都属于此类调查。

一、公路旅客运输

公路旅客运输统计方面，美国每 6~8 年会组织开展一次全国性的全国家庭交通出行调查（National Household Travel Survey，NHTS），获取详细的居民出行方式、目的等出行信息。出行调查年份采集到的出行信息是美国最为重要的旅客

---

① 经费也是制约美国统计调查的重要因素。目前开展的 CFS 调查也因为经费问题，调查样本控制极为严格。1993 年开展的 CFS 调查因样本太少，导致当年调查数据不可用。资料显示，尽管美国运输部对卡车存量与使用调查的作用给予了高度评估，但是由于费用较高，组织实施难度大，自 2002 年以后就没有继续开展。

运输统计数据。平常年份，美国联邦公路管理局会依托全国层面的公路性能监测系统（Highway Performance Monitoring System，HPMS）和各州层面的交通监测系统（Traffic Monitoring System，TMS）采集分车型流量数据和里程数据，推算旅客周转量统计数据。

1. 全国家庭出行调查（NHTS）

每 6~8 年，美国会在全美范围内组织开展一次全国家庭出行调查。美国于 1944 年率先开始在新奥尔良等部分城市开展了居民出行调查，1961 年 4 月，美国第一次开展了全国性质的针对一般交通参与者出行特征以及其影响变量的调查。1969 年，美国交通部委托美国人口调查局（The U. S. Bureau of Census）开展了全美性质的第二次交通调查。20 世纪 70 年代后期，美国全国性质的个人交通调查才真正进入一个按照一定周期的规范化开展的阶段。随后分别于 1977 年、1983 年、1990 年、1995 年开展了相同的调查工作，其中在 1977 年、1995 年调查工作中还加入了全美长距离出行调查（American Travel Survey，ATS），并自 1995 年起将调查名称改为全国个人交通调查（National Personal Transportation Survey，NPTS）。进入 21 世纪，随着调研内容的扩大、变量增添、变化和人们对以家庭为单位交通行为的日益关注，美国综合了 NPTS 和 ATS 两者调查内容和调查特点设计组织了美国居民出行调查原来的 NPTS 也就变成了 NHTS，即全国家庭出行调查（National Household Travel Survey，NHTS）。

从 20 世纪 60 年代末开始，美国交通部都一直负责开展 NPTS 或 NHTS 工作。但由于美国人口调查局以及一些专业公司往往拥有更加丰富的社会经济信息调研的技术力量和人员配备。因此交通部往往只会负责前期的 NPTS 或 NHTS 调研工作，具体的调查实施工作则由人口调查局和一些专业的第三方机构承担。相应的调研费用，则是由美国交通部与美国人口调查局或这些专业公司的协商决定。NPTS 或 NHTS 前期调研完成后，后期数据的整理和建库工作，则是由美国交通部自行负责或者再次邀请有关专业公司协助完成。

每次 NPTS 和 NHTS 的开展，调查对象（样本）选取的步骤、方法都会根据前一轮调查的反馈有所调整。不过，大致上 NPTS 和 NHTS 的对象选择的步骤、方法仍然可分为两大类，即 1969~1983 年的主要样本单位法（Primary Sample Units Method）和 1990 年至今的随机数字电话选取法（Random-Digit Dialing Method）。随机数字电话选取法在实际操作中不断得到演进优化，目前已经以电话访问和计算机辅助（Computer-Assisted Telephone Interviewing，CATI）的方法相对固化下来，形成"随机电话拨号"（Random Digit Dialing

Methodology，RDD）的分层抽样方式（Stratified Sampling）。其基本思路是将调查对象分成若干小组并在各组中进行随机抽样。在抽样阶段，每一个电话号码会随机安排在固定的一周的某一天。在对家庭户进行访问阶段，每个家庭都被安排特定"出行日"出行。

从抽样调查家庭的数量上说，1990 年的 NPTS 是 22317 个家庭，1995 年的 NPTS 是 42031 个，2001 年的 NHTS 是 66038 个。这 3 次调查对象数量上的波动，一方面是由于调查样本数目随着美国总体家庭数目的增加而增加，另一方面是各州持续加大对 NPTS 或 NHTS 的补充调查支持。2017 年，美国 NHTS 调查的家庭户近 130000 户。

总体上看，美国的居民出行调查主要涵盖的信息还是以本地通勤通学出行信息为主，尽管 1990 年、1995 年、2001 年等年份开展调查时记录调查了 14 天、28 天的信息，能够涵盖部分长途出行信息。但是多年出行调查的经验表明，家庭出行调查中对于长距离出行的信息涵盖还是极为有限。2009 年、2017 年的 NHTS 中，也没有专门记录长途出行信息。为弥补在旅客长途出行方面的数据统计缺失，在常规的全美家庭出行调查之外，美国还要求客运企业提供长途班线客运信息，同时依托美国公众运输协会开展的长途大客车普查及其他行业协会来补充相关长途出行信息。长途出行中航空、铁路的客运量统计，美国则主要依靠航空公司、铁路客运公司及有关行业协会来提供相关数据。

2. 全国公路性能监测系统（HPMS）

1978 年，美国出台的新《联邦资助公路法》规定：联邦交通资金将根据各州州际公路的里程数（道英里）和车辆出行的相对数量（车行驶里程）来分配。于是，联邦和各州开始建立区域层面的交通监测机制。

在联邦层面上，联邦公路管理局（FHWA）1978 年建设开发了公路性能监测系统（Highway Performance Monitoring System，HPMS）。HPMS 是一个全国性的数据报告系统，数据监测报告范围涵盖了代表各州和大城市化地区的 115000 条主干道和支路的公路断面。每年，FHWA 接收样本里各州的每个公路断面的数据、环境度量、车辆流量、通行能力等数据。在州层面，为了提升用于采集、调整和报告交通数据的方法，FHWA 于 1985 年推出了"交通监测指南"（Traffic Monitoring Guide，TMG），以指导和规范各州交通监测。根据 TMG，各州开始规划和建设自己的 TMS。

州级层面，TMS 的短期采集则在 6 年的间隔里对区域内的道路全部覆盖一次，国家层面 HPMS 要求是每 3 年覆盖一次全部道路，借助这种机制保证了交通监测的全面性。依托 FHWA 的 HPMS 系统监测的道路交通流量数据，再综合家庭出行调查数据、车辆保有量等数据，年度推算旅客周转量（人公里）数据。

二、公路货物运输

公路货物运输统计方面，在尾数逢 2、7 的年份，美国会组织开展一次商品流动调查（CFS），获得大量明细的货物运输基础数据，再结合货运分析框架（FAF）推算补充非 CFS 调查年度的运输量总量数据及分结构数据。从现有掌握资料来看，美国月度并无常规意义上的货物运输量统计数据，只有基于部分小样本数据合成的运输服务指数（即 TSI）和货车吨公里指数。

1. 商品流动调查（CFS）

商品流量调查（CFS）是美国全面掌握境内货物发送运输情况的最主要调查项目，调查的主要目标是测算不同地理层中，不同运输方式和不同货类的运输量（包括货物价值量、货运量和货物周转量）；第二个目标是测算从一个地理区域到另一个地理区域不同运输方式和货类的货运量（州与州之间、区域与区域之间等）。

CFS 第一次正式开展是在 1993 年，1997 年之后基本上遵循每 5 年进行一次的工作机制，即分别在 1997 年、2002 年、2007 年、2012 年、2017 年，隔 5 年开展一次，最近的一次是 2017 年开展的第 6 次 CFS 调查。从调查组织上来看，CFS 是经济普查的重要组成部分，调查也主要是依托经济普查工作来开展，具体由 RITA、BTS、人口普查局和商务部共同实施，其中 BTS 负责汇总分析数据，人口普查局负责采集数据。

从调查范围来看，CFS 是调查地域范围涵盖了美国 50 个州和哥伦比亚地区。CFS 以发货方作为调查对象，调查行业主要集中在制造业、矿产业、批发和零售业、仓储业等，调查单位接近 10 万户。CFS 按地区和部分行业将发货人分层抽样，要求每个样本每季度填写一次问卷，报告一个星期的情况。通过调查收集到各行业的货运信息，结合分析软件可以估算实体运输网络上各运输方式承载的货物吨位、吨公里和价值量。

从调查内容来看，CFS 调查的重点是掌握美国境内货物流动的相关数据，主要包括货类、货物价值、货重、货源地、到达地，以及运输过程中采用的运输方式。调查内容主要包括企业的地理位置、经营状态、被调查期内的发货批次总数，以及货物的种类、价值、重量、起讫点、国内使用到的所有运输方式、是否出口、是否使用集装箱、是否危险品及危险品种类等。根据调查获取的始发地和目的地，依托综合运输线路网络（含公路、铁路、水路等多种运输方式）数据库，按最小阻挠路径（综合考量距离、时间、费用等因素）来确定运输线路，估计运输距离。

美国商品流量调查所取得的数据多为联邦政府、州政府和地区政府部门的政策决策者和运输规划者服务，有助于对运输设施和服务水平、能源消耗水平、安全风险和环境影响等进行评估。此外，商业人士、个体研究人员和分析人员也利用CFS数据对商品流动的趋势进行分析，勾画出商品分布图和车辆流量和流向，进而对货物的流动需求进行预测，最终确定未来相关基础设施和设备的配置。

2. 货运分析框架（FAF）

美国年度货物运输相关统计数据主要是依托货运分析框架（FAF）来进行，BTS和联邦公路管理局每年通过FAF来推算分货类、货物价值量、货运量、货物周转量数据。FAF会定期更新各种版本，目前更新的最终版本是依托2017年CFS调查数据形成的FAF5。

货运分析框架（FAF）以商品流调查（CFS）的数据为基础，再结合其他多渠道的数据FAF资源，补充数据空白，从而推算总货物流量。可按照商品流量调查开展年份的商品类型、模式、原产地和目的地等类别提供运输量和货值信息，可依据FAF对两次商品流量调查年度期间（未开展CFS调查年份）的数据进行估计，同时也可以获得以5年为增量的长期（30年）预测。

货运分析框架（FAF）货运量推算总体思路是：非商品流调查（CFS）年份的运输总量增长数据是利用卡车运输吨位指数来调整测算的，测算方法与我国目前采用的波动系数法十分类似，即利用卡车吨位指数的增速趋势作为总量的增长趋势。卡车运输吨位指数是一项每个月开展的基于租赁卡车运输活动的调查项目，由美国卡车协会具体负责。非调查年度的分货类的运输量数据是利用其他部门公布的各类商品销售量的数据进行测算，主要方法是按份额进行拆分。流量流向数据则是根据美国各区域的GDP增速进行调整，重新分配运输量的增量部分。

美国也利用FAF框架来估算年度公路货物周转量数据。从现有掌握的信息来看，2002年以后，受各种主客观因素的影响，美国没有继续开展车辆库存和使用调查，缺乏有效的公路货运车辆载荷数据。因此，自2002年以后，美国的公路货物周转量（Truck Ton-Miles）开始采用倒挤方式进行推算，即利用FAF估算的总周转量（Total Ton-Miles）剔除航空、铁路、水路、管道的周转量来计算。推算公式如下：

公路货物周转量（Truck Ton-Miles）=总周转量（Total Ton-Miles）-航空周转量（Air Ton-Miles）-铁路周转量（Railroad Ton-Miles）-水路周转量（Waterway Ton-Miles）-管道周转量（Pipeline Ton-Miles）。其中总周转量数据，1997年、2002 年、2007 年、2008～2011 年直接采用 FAF3 的数据，1997～2002 年、2002～2007 年数据采用线性插值法来计算。航空、铁路、水路、管道的周转量直接采用 FAF 数据。

3. 运输服务指数（TSI）

2002 年，在美国运输统计局（Bureau of Transportation Statistics）的支持下，纽约州立大学和乔治华盛顿大学的研究者对交通运输和经济之间的关系进行研究，建立了运输服务输出指数（Transportation Services Output Index，TSOI），美国运输统计局又在 TSOI 的基础上进一步建立了运输经济指数——运输服务指数（Transportation Services Index，TSI），并于 2004 年 1 月起，由美国运输部负责对外公开发布 TSI 指数（包括 TSI 客运指数、TSI 货运指数和 TSI 客货运综合指数）及相关研究报告。

TSI 是美国运输领域较为重要的一个月度运输统计指标，用来反映营业性交通运输行业每月度提供的运输量数据（货运吨—英里和客运人—英里）变化，是五种运输方式的营业性货物运输指数、旅客运输指数以及客货综合运输指数。具体到 TSI 货运指数，包括营业性卡车运输（不包括包裹服务）、铁路货运（包括基于铁路运输的多式联运）、内河货运、管道运输（主要是石油、石油制品和天然气）及航空货运五方面指标综合而成，不包括跨境运输和海洋运输、私人货运、快递服务及美国国内邮政服务。TSI 客运指数，包括由本地公交客运、城际铁路客运、航空旅客三方面运输指标综合而成，不包括城际公交、观光旅游服务、出租服务、私人汽车使用、自行车和其他非机动车运输。所有的数据资料将经过加权平均，并对季节因素做出调整，逐月逐年进行比较。

TSI 的生成遵循严格的流程，主体流程如下：

（1）收据收集。BTS 工作人员每月从政府部门或协会收集每种运输方式的有关数据，如表 14-2 所示。

表 14-2　TSI 数据指标及数据来源

运输方式		指标	数据来源
货运	货车	货车吨位指数	美国货车运输协会
	航空货运	吨—英里	交通运输统计局
	铁路货运	吨—英里	美国铁路协会
	水路货运	国内贸易的总吨位指标	美国陆军工程兵部队航海数据中心
	管道	管道运输指标	能源信息管理局

续表

运输方式		指标	数据来源
客运	航空客运	人—英里	交通运输统计局
	铁路客运	人—英里	联邦铁路管理局
	公共交通运输	全国公交乘客人数	美国公共运输协会

（2）数据预测及补齐。对部分月份缺失的数据，采用预测方法进行补全。

（3）季节性调整。对部分月份波动性较大的数据进行季节性调整，以满足分析月度变化和短期趋势的需要。

（4）指数化。当上述数据均已收集且经处理之后，需将其转化成指数。指数化采用的是利用当月数据去除基期月数据，目前 TSI 采用的是利用基年（2000年）12 个月的月度均值作为基期月基数。

（5）加权合成指数。最后一步是把各种运输方式的单独指数加权形成最终的三项运输服务指数——货运指数、客运指数和客货综合指数。权重为各个运输方式的增加值。之所以用增加值来表达，是为了便于与其他反映经济发展的指数进行对比。

三、水路运输

美国的水路运输统计主要由美国陆军工程兵航运数据中心负责组织实施，航运数据中心通过与美国普查局、美国海岸分卫队、橡树岭国家实验室等机构合作，采集全美通航有关数据。数据采集的范围涵盖了内河航道、沿海航线、北美五大湖泊及圣劳伦斯水道的相关统计数据。统计内容包括了运输贸易、运输装备、交通事故等。

从统计方法来看，美国的水路运输统计采用的是相对传统的统计报表调查的形式。美国陆军工程兵根据 1991 年 5 月 6 日正式生效的《航运规则》，授权对水运统计数据进行采集。相关的统计报表分为对船舶经营者（船主）的统计和对港口（船闸）经营管理者的统计。其中对于后者是采用自愿填报的形式。对于船舶经营者（船主）的统计是强制性的，要求船舶经营者（船主）按月，以单艘船舶的单个航次为单位进行统计上报。填报的报表主要有普通远洋船舶报表、内河水路运输报表、水路集装箱运输报表、水路客运报表等。《航运规则》中有专门的条款规定表格的填写方法和对不填报或虚假填报者的处罚规定，并根据具体情况经常进行修订。

· 145 ·

第三节 统计成果

一、旅客运输

因为出行调查的调查内容和调查指标非常丰富，体现美国的旅客运输统计成果也非常丰富，主要包括：

（1）出行量、出行强度等基本信息。包括不同群体的日均出行次数、出行总量、出行里程等。使用长途客车出行的出行量、出行里程等。

（2）出行方式、出行目的等构成。出行方式包括独立驾车、公共交通、拼车、自行车等不同方式；出行目的涵盖了上下班、学校/教堂、社交娱乐等不同出行目的。

（3）出行时间、出行开支等出行成本。包括单次出行平均所花费的时间、家庭交通出行开支等。

（4）特殊群体出行特征。2017 年的 NHTS 还重点关注了老年人、残疾人、无车户和低收入家庭等特殊群体的出行特征。

（5）在出行调查采集的信息之外，依托 HPMS 采集数据推算出来人公里数据。

二、货物运输

在货物运输方面，美国的道路货物运输统计成果较为丰富（见表 14-3），主要统计内容和指标有：

一是运输生产。包括货运量、货物周转量、运输货物种类、货物运输距离、货物流量流向分布等。

二是运输经济。包括运输货物价值营业性货运创造的 GDP 及所占比例、每吨英里的货运收入、营业性运输就业人数、从业人员平均工资等。

三是运输安全、运输与能源环境等。包括货物运输死亡人数、货物运输能源消耗总量、分车型能耗、分车型平均排放等。

所有统计数据都会在运输部网站和统计年报中对外公开。除公布以上年度统计数据之外，BTS 和联邦公路局也会依托货运分析框架，按照商品流量调查开展年份的商品类型、模式、起始地和目的地等信息，以 5 年为增量开展长期（30 年）预测，公布 5 年甚至更长期的预测数据。

表 14-3 美国道路货运统计

序号	类型	内容	主要统计指标
1	运输生产	运输量及里程等情况	货运量、货物周转量、边境跨境运输量、运输车辆数、运输车辆行驶里程、运输拥堵时间等
2	运输经济	运输与宏观经济、运输成本、就业税收等	运输对 GDP 的贡献、货运支出、燃料销售价格、相关就业情况等
3	运输安全	伤亡情况及经济损失情况等	事故次数、事故死亡人数、事故受伤人数等
4	运输能源环境	能源消耗情况等	不同方式的能源消耗等

三、运输相关数据库

美国非常注重道路货物运输统计成果的开发应用。其中最为突出的是，美国会将道路货物运输统计数据结合地理信息，建设全国统一的地理信息数据库，能够实现运输量统计数据的地理信息展示，便于政策制定者和决策者发现当前和未来运输瓶颈制约因素。

美国目前已经建立起来的主要的全国性的统计及基础信息数据库有：全国道路使用监控系统 HPMS，国家驾驶员注册中心 NDR，联邦交通事故死亡分析报告系统 FARS，国家营运汽车分析报告系统 CVARS，国家公交数据库 NTD，国家营运汽车驾驶员信息系统 CDLIS。各州也有自己的数据采集和分析系统。这些系统构成了美国道路交通管理完整的基础信息系统。

第十五章　加拿大的运输量统计

第一节　统计组织

加拿大政府统计是一种典型的集中式统计，所有的统计工作基本上均由加拿大联邦统计局负责组织实施。加拿大联邦统计局是加拿大联邦政府的部门之一，负责进行全国人口、经济、资源、社会及文化的统计工作。全国统计工作人员中60%以上的人员在渥太华总局从事统计工作，其余人员分散在地区办事处及基层。根据加拿大的法律规定，加拿大只有联邦政府负责统计和普查，也只有联邦政府才有统计立法权，省级和市级没有统计立法权，一般也不单独搞统计工作，需要的统计资料由联邦政府反馈。

加拿大的《运输法》规定，专业运输企业必须按照运输部门的要求及时准确地上报企业经营、生产、财务等方面的数据和信息。而专业运输企业在加拿大运输生产中占有相当大的比重，因此这种要求专业运输企业报送数据的方法数据来源也较为可靠。

从运输统计项目设计来看，加拿大的运输统计项目体系非常完备，统计内容也比较完善。表15-1显示了加拿大公路运输统计项目设计情况①。

表 15-1　加拿大主要公路运输统计项目设计情况

项目名称	项目目标	调查周期
卡车货流起讫点调查	货物流动与货运业产出	年度

---

① 袁长伟. 公路运输统计体系与方法研究［D］. 长安大学博士学位论文，2007.

续表

项目名称	项目目标	调查周期
机动车货运调查	货运业规模、结构、经营绩效	年度/季度
旅客巴士运输统计	旅客运输业投入产出情况、旅客运输生产情况	年度
城际与农村巴士旅客运输统计	年营业收入超过 100 万美元企业的运输生产情况	月度
加拿大居民出行调查		季度
国际出行调查		—
大都市区月度运输统计	大都市区旅客、公交运输情况	月度
道路机动车注册调查	搜集卡车、巴士等车辆注册信息	月度
小型货运调查	小型货运业的规模、结构和经营绩效情况	年度

第二节　统计方法

一、公路旅客运输

加拿大道路客运统计信息来源主要有两个方面：一方面是居民出行调查和国际出行调查。加拿大居民出行调查每个季度开展一次，由加拿大统计局、加拿大旅游协会、省政府及两个联邦政府机构联合开展。加拿大居民出行调查依托于月度劳动力调查工作开展，在月度劳动力调查结束后，在该家庭中随机抽取一个 18 岁以上的成员进行调查。90%的家庭由各区域调查机构以计算机辅助电话的方式开展调查。加拿大的国际出行调查开始于 20 世纪 20 年代，该项调查提供国际旅行的相关信息，主要满足国民经济核算的要求，可同时提供国际旅客运输量。另一方面是针对客运经营企业的经营状况调查。将旅客运输分成城市客运、城市间与农村客运、校车客运、包租运输及其他运输五类客运，分别统计不同类别客运经营企业的收入、成本、就业、燃油消耗等内容。

二、公路货物运输

全国层面加拿大的公路货物运输量统计主要有两大数据来源：

一是货运商品来源和目的地调查（Trucking Commodity Origin and Destination Survey，TCOD），该项调查由加拿大统计局负责组织实施。TCOD 每年度开展一次，采用抽样调查的方式，针对登记备案的运输企业开展调查。调查方法采用四阶段抽样设计：第一阶段按照企业运输活动类型、地区分层随机抽取一定数量的企业；第二阶段对抽取的样本企业随机抽取一段时间（半年或一年）进行调查；第三阶段对于利用电子数据报告的企业报告所有货物运输情况，而对于采用其他调查方式（现场访问）的企业则按照企业的运输单据进行等距抽样开展调查；如果运输单据上有多个运输记录，那么再次进行等距抽样选取一部分运输记录进行调查，即第四阶段。针对每一个运输记录，调查的内容包括来源地、目的地、商品种类、平均重量或每批货物的平均数量，每批货物的平均收入或收入百分比，货运数量或货物总数百分比等。通过此项调查，加拿大能够每年发布货运量、运输里程、周转量及运输收入数据，同时可以获得分装运输类型（国内发货、跨境、本地、长途）的结构数据以及流量流向数据。

二是加拿大全国路边调查（NRS）。加拿大全国路边调查由联邦、省和地方政府部门联合开展，加拿大汽车运输委员会协助组织。该项调查旨在填补加拿大运输统计在重型和长途货车统计数据方面的缺口，目前已经分别于 1991 年、1995 年、1999 年和 2006 年开展过。加拿大全国范围的公路运输路边抽样调查通过在高速公路出入口、国道和一些货运汽车经常使用的道路（含一般公路）上，设立总计 148 个调查点来进行。调查主要收集两类信息：第一类是 7 天内经过该调查点的卡车数量；第二类是随机抽取约 36000 个驾驶员样本，收集有关运输量、运输距离、运输货物种类等具体内容。

三、水路运输

加拿大对于水路运输的统计主要集中于国际海运和海岸线运输统计，采用统计报表的形式，按季度统计国际海运及海岸线运输的装货量、卸货量、理货量等数据。

加拿大统计局还对主要从事海上运输活动的船舶经营公司的财务经营情况进行年度统计，统计内容主要包括公司的营业收入、营业成本、税收情况等。

此外，加拿大还会对港口码头的作业量进行统计，分内贸、外贸分别进行统计。

第三节　统计成果

客运统计方面，得益于完整的出行调查和企业调查的统计项目体系设计，加拿大客运统计成果较为丰富，主要包括两大类：一类是基于出行调查获取的居民出行的相关信息。主要包括出行次数、出行距离、出行方式及出行目的分布、出行时间等。另一类是基于企业统计获取的企业经营信息。主要包括营业收入、营业成本、利润、就业人数等信息。

货物运输统计方面，加拿大的道路货物运输统计内容和指标跟美国类似，统计成果也较为丰富，主要包括：

一是运输生产。包括货运量、货物周转量、运输货物种类、货物运输距离、货物流量流向分布等。运输生产指标是加拿大运输量统计的基础性指标，除常规的运输总量统计数据外，加拿大运输统计非常关注运输细部结构数据的统计，包括分货类的统计、不同种类货物运输距离的统计、货物流向分布情况统计等。

二是运输经济。包括运输货物价值营业性货运创造的 GDP 及所占比例、每吨英里的货运收入、营业性运输就业人数、从业人员平均工资等。加拿大交通运输统计最重要的一个特点是在统计内容和统计指标的选择和设置时，非常关注如何通过交通统计来反映交通运输与经济社会发展的相互关系。从交通部年度统计报告和统计数据来看，除货运量等基础性指标之外，反映交通运输与经济社会发展关系的统计内容，均在交通运输统计公报中居于显著位置。

三是运输与能源环境。包括运输能源消耗总量、分车型能耗、分车型平均排放等。

第十六章　日本的运输量统计

第一节　统计组织

　　日本政府统计实行分散统计，由各行政机关和地方机构分别进行统计调查和统计规划部署等工作，日本内阁总务省（相对于我们的国务院办公厅）下设的统计局负责全国统计工作制度改善、统计数据调整、数据汇总、编辑出版、统计法和其他法律制定等工作。日本总务厅还设有由统计学专家学者、政府机构和地方统计部门负责人、统计资料用户代表组成的全国统计审议会，定期召开会议，审议国家统计发展规划和统计大政方针，协调各种统计调查之间的关系等，统计审议会成员不超过 11 人，由总务大臣任命具有专门知识和相应经验的人士担任，审议会的具体行政事务由总务省统计局的相应课承担。除总务省外，日本内阁的其他一些府省也都设立了相应的统计机构负责特定的统计调查工作。由于多数政务工作都需要进行统计，因此除了专门的统计机构外，内阁部门的有关业务机构也承担统计工作，对此都有明确规定。

　　管理上，日本的中央政府统计机构直接负责全国各地的主要统计工作，并在各地均设有分支机构，通常按大的经济区域设置。日本的地方政府，即 47 个都道府县，在其属下的有关部门均设有统计主管课（相当于国内的统计室机构），地方教育委员会、保健、社会福利等业务部门也设统计主管课。为了避免分散型统计在统计体系上的重复、遗漏，防止增加国民统计负担，统计局的统计基准部按 1952 年发布的《统计报告调整法》，会对调查表样式、调查方式等进行协调，并作出统一规定。

为了确保基层统计工作的顺利进行，日本还专门制定了统计调查员制度。政府、地方公共团体长官和教育委员会，可以根据这一法律配置统计调查员。其工作是直接与家庭、事业所、企业等接触，分发和收集调查表格，由非专职公务员担任。但由于选任统计调查员的工作比较困难，日本总务省于 1972 年提出了统计调查员确保对策，目前正在实施之中。

日本交通运输统计工作由国土交通省负责组织调查实施，运输统计项目体系共分三种：指定统计、审核统计和承认统计。

一、指定统计

指定统计是指《统计法》中第二条所规定的，由总务厅长官指定进行的国家的基本统计调查。日本自 1947 年确立指定的国情调查以来，全国进行过 137 项指定统计调查，目前实施的有 63 项，运输省所管的（包括共管）目前实施的有 9 项，具体为：工作机械设备等统计调查、造船机械统计调查、石油制品供需动态调查、铁道车辆等生产动态统计调查、船舶船员统计调查、船员劳动统计调查、汽车运输统计调查、内航船舶运输统计调查、港湾调查。其中，汽车运输调查始于 1988 年 4 月，为指定统计中的重要组成部分。

二、审核统计

所谓审核统计，是指按照《统计法》第八条的规定，预先必须向总务厅长官提出申报得到核准后进行的统计。运输省所管的有关公路运输的申报统计调查有公路交通事故统计调查等。

三、承认统计

所谓承认统计调查，是指按照《统计法》第八条和统计报告调整法规定的程序，得到总务厅长官认可的统计调查。由运输省管理的承认统计有 20 项，其中有关公路运输的统计项目有全国货物流动统计调查、京阪神都市物资流动调查、全国道路街道交通情势调查、轻型汽车运输统计调查、自用车整备情况调查 5 项。

第二节　统计方法

日本的道路运输调查以现场抽样调查为主，并辅助部分传统的统计报表调查。抽样调查时除在路网上直接随机调查运营车辆外，还在一些汽车货运营业场站随机调查车辆。除直接现场调查外，调查统计报表也可由调查员配送或者邮寄，由该汽车使用者填报后寄回。

日本全国层面的公路运输统计主要依托运输省主管的 9 项指定调查中的汽车运输统计来完成。日本的汽车运输统计调查对象包括全国范围内的汽车使用者、营业性公共汽车企业营业所、营业性汽车货运企业营业所。

汽车运输调查采用随机抽样或普查的方式进行。在调查时间安排上，10 月以及运输大臣指定的一个月为详细调查，原则上要做 7 天的普查，其余 10 个月为简略调查，原则上做 3 天的普查。

在详细调查月，总共调查约 39000 辆车。简略调查月调查约 11000 辆车。大约涉及 1600 个公共汽车企业营业所，8000 个汽车货运营业所。

具体的调查指标包括货车和公共汽车的行驶距离、燃油消耗、货车的最大载重、货物运送量、货物名称、客车的额定载客人数、运送人数等。

汽车运输调查由六类汽车运输统计调查表构成，分为货物营业用、专线汽车货运调查、自用货车、旅客营业用乘合、租用、专用、无偿、旅客营业用、乘用、自用客车。

汽车运输的统计结果一般公布在汽车统计月报、汽车运输统计年报以及汽车运输统计调查结果报告书上。

除全国层面的汽车运输统计外，日本也在全国的一些都市圈持续开展居民出行调查和都市圈物资流通调查。一般是以都市圈为主体，10 年左右开展一次调查，全面调查了解调查目标范围内的居民出行特征和物资流量流向等物资流通特征信息。

第三节　统计成果

日本的运输统计内容和指标也比较丰富，全国层面主要的统计成果包括两大类：

一是运输生产。包括客运量、货运量、货物周转量、运输货物种类、货物运输距离等。

二是运输与能源环境。包括运输能源消耗总量、分车型能耗、分车型平均排放等。

在一些大都市和一些典型城市，日本还有更丰富的统计数据，如基于出行调查获取的居民出行强度、出行方式、出行目的等出行信息；基于都市圈物资流通调查获取的物流企业基本情况、货运车辆生产情况等相关信息。

第十七章　欧盟的运输量统计

第一节　统计组织

欧洲统计系统是一个分工协作、联系紧密的统计系统，各成员国相关统计机构负责收集本国统计数据并进行编辑。欧洲统计局的作用则是与各成员国统计机构紧密合作，协调、整合统计资源，按照欧盟的需要汇总分析成员国提供的统计数据。欧盟的统计内容涵盖欧盟经济社会活动的主要方面，包括经济、就业、研发创新、环境、公共健康、国际账户收支、对外贸易、消费价格、农渔业、交通、能源、科技等。欧盟统计局将交通运输统计和环境统计合并发布，并利用在线共享数据系统（RSS）及时更新每个成员国的运输统计信息。同时也会不断出版新的有关运输统计数据分析、运输统计方法探索的出版物，统计报告及统计数据也会定期在官方网站上发布。此外，欧洲统计局还负责帮助入盟候选国改善其统计系统，代表欧盟与联合国、经合组织及其他非欧盟国家开展统计合作等。

以英国为例，英国的国家统计吸收了集中型和分散型政府统计体制的优点，主要统计数据的收集和分析工作集中在国家统计局，而对决策者和各内阁大臣的统计咨询和统计服务仍分散在政府各部门。英国的各项运输统计工作由运输部负责，在公路运输统计调查方面主要由三大调查年度进行，即全国出行调查（National Travel Survey，NTS），用于收集旅客运输数据；公路货运连续调查（Continuing Survey of Road Goods Transport，CSRGT）；国际公路货运调查（International Road Haulage Survey），用于采集货运数据。

第二节　统计方法

一、公路旅客运输

欧盟的旅客运输统计以出行调查为主。以英国为例，英国运输部自 20 世纪 60 年代开始就开展了全国范围内的出行调查工作。1988 年 7 月后，英国将该项出行调查活动设定为按月度开展的连续性调查工作。2002 年 1 月以后，英国运输部将调查工作委托给国家社会研究中心独立开展。主要调查方法包括：一是通过面谈等多种形式收集居民户家庭成员及车辆信息；二是要求被调查家庭户每个成员记录一定周期（一般为 7 天）内的所有行程信息。

二、公路货物运输

根据欧盟颁布的陆路货物运输统计的第 70/2012 号条例，欧盟成员国采用统一的货运统计调查方案来获得公路货物运输的基本统计数据，这样不仅可以获得各成员国国内运输情况，还可以获得整个欧盟内部运输的分货类及区域流量流向数据。欧盟统计局统一发布货运统计方法的指导手册，最新的一版为 2016 年版，要求总体上采用基于车辆的抽样调查方法，并且每年度开展。各成员国根据指导手册开展调查工作，并将调查获得的基础数据提供给欧盟统计局，由欧盟统计局统一进行数据推算。

在调查范围上，欧盟允许载质量在 3.5 吨以下的车辆不参与调查，原因是这部分车辆主要用于各国内部的短途运输，对于欧盟的共同运输政策并不重要。

在调查方法上，欧盟采用针对车辆的抽样调查方法，以各国的货物道路车辆登记库为抽样框，推荐采用分地区、分吨位层的分层抽样方法。每辆车的调查时间为 1 周，要求连续调查至少一个季度，对于多数成员国选择了全年均开展连续调查。对于样本的调查数量，欧盟指导手册中提出的原则首先是能够在经费上予以负担，然后按照满足欧盟的精度要求来计算样本，多数国家的调查车辆抽样率在 10%~40%，如果考虑时间上的抽样率，多数国家综合抽样率在 0.25%~0.7%。

在调查内容的设计上，调查指标一般包含车辆拥有者基本信息、车辆基本信息、车辆的加油情况、调查期内车辆不同使用类型的天数、过去一年的总行程和在用时间，以及调查期内车辆的分趟次信息，指标具体包括每个运输趟次的时间、起终点、货类、运量、载货里程、自用还是经营等。

欧盟统计局每年会根据此项调查发布整个欧盟地区的分国别、分货类、分流向、分车龄、分距离、分轴数、跨境等不同维度的运量、周转量及里程的统计数据，数据结果十分丰富。

三、水路运输

欧盟水路运输统计组织和统计方法跟总体运输统计组织方法比较类似，统计工作总体由欧盟统计局负责统一组织。各成员国统计局或交通运输部，按照统一规则和要求，分别收集本国关于内河航道运输的原始数据，通过电子数据文件行政管理信息系统（eDAMIS）报送数据。欧盟统计局通过各国统计报表数据上报方式进行数据采集，各成员国必须在相关统计周期结束后的 5 个月内及时向欧盟统计局报送数据。

欧盟内河航运发达，所以欧盟对于内河运输的统计也非常关注。欧盟内河航运统计重点主要是针对货物运输的统计，统计对象包括内河航道管理部门、港口、海关办公室、运营商、个别托运人等；统计内容包括内河航道运输的基础设施、运输设备、企业数量及经营状况和就业状况、货物运输量（包括运输量和周转量）、集装箱运输量、事故等方面。

第三节　统计成果

欧盟各国的运输统计内容和指标也较为丰富，主要的统计成果包括四大类：

一是运输生产。客运方面主要包括基于出行调查获取的居民出行次数、出行方式、出行目的等出行信息。货运方面则主要包括基于车辆调查获取的货运量、货物周转量、运输货物种类、货物运输距离、行驶里程等信息。

二是运输与能源环境。包括运输能源消耗总量、分车型能耗、分车型平均排放等。

三是运输企业经营及就业。包括运输企业数、企业员工人数、企业营业成本等指标。

四是运输安全。主要包括事故次数等指标。

第十八章　运输量统计的国际经验启示

一、加强相关立法和制度建设，确立交通运输统计工作的权威性，确保运输统计工作运转顺畅

美国是一个法制建设比较完善的国家，在国家的法治社会的宏观背景下，所有的交通运输统计工作也都是在有关法律法规的规定下展开的。从调查项目设计规划、数据采集程序、数据采集组织实施、数据处理及发布等，均有相应的法律法规体系予以规范。美国现行法律中涉及交通运输统计的法律法规典型的有《统计法》《多方式地面运输效率法案》《面向 21 世纪的运输公平法案》《运输统计局管理、运行条例》等。这些法律法规、政策制度、标准准则是政府统计工作的法律基础和指导性框架文件。BTS 结合交通运输部对运输统计的需求，也制定了相应的行业统计法规、政策制定、标准准则，涵盖了政府统计工作各个环节，对调查设计、数据收集、加工整理、数据分析评估、质量控制、数据发布，以及统计项目立项审批程序和文件格式要求等都规定得非常具体、详细，甚至是递交的统计报告、发布的统计产品应当包括哪些内容都一一列举。从而保证每一项统计调查按既定政策的要求进行，实现预期目标。

日本也非常注重交通运输统计的法规建设，目前执行的统计法规主要是正在实施的《日本统计法》和《统计报告调整法》。《日本统计法》作为日本统计基本法，是在 1947 年 5 月公布实施的。这部法律，是为了形成积极有效的统计体系，一方面是确定指定统计，把握各方面统计情况，消除重复统计；另一方面也是为了确定申报统计制度。具体而言，制定这部法律有四个目的：一是确保统计的真实性；二是消除重复统计；三是完善统计体系；四是改善和发展统计制度。统计法规定、国家和地方的公共团体的统计调查工作人员必须保护法人和其他团体的秘密。《统计报告调整法》于 1952 年 8 月正式公布实施，对全国范围内开展交通运输统计调查的种类也进行了明确规定。

二、加强跨行业、跨部门协调，建立常态化、制度化的信息共享交换机制

美国交通运输统计工作体系的一个显著特点是富有效率的分散型数据采集体系。作为运输统计的管理机构，BTS 在统计调查活动中，一方面起到协调、联络和指导的作用，比如专业性运输统计数据的采集主要依靠运输部各业务职能机构、其他政府机构行业协会及私人咨询机构来开展，充分发挥了行政管理记录以及行业协会在行业统计中的重要作用；另一方面负责综合性运输信息的采集和国家级的基础数据库的建设，从而可以提供一个及时、完整、准确的行业情况。

日本的运输统计也非常注重跨部门协作。日本的运输统计调查由国土交通省来承担，而国土交通省本身兼具了国土开发整治利用、土木建设、运输服务等多方面的职能，相当于融合了我国交通、国土资源、建设等多个部委职责的综合部门，从某种意义上来讲，本身就是一个跨部门、跨业务领域的部门。在运输量统计实施过程中，国土交通省也会重视跟国土交通方面的研究部门、技术部门以及高等学校进行合作。

目前，就国内情况来看，承担或者参与交通运输统计调查工作、积累有能够转化成统计成果的交通运输数据的单位很多，既包括有政府统计部门、各级行业主管部门，也包括一些行业协会、公司、学校、研究机构等，尽管目前部交通运输统计主管部门在积极推进与相关机构之间的信息交换和合作机制，但是并没有形成全面的常态化、制度化的信息交换机制，内、外部信息交换多数还是采用传统的"一事一议"的形式，数据交换效率低、综合利用率不高。

三、运输统计调查融入国家综合统计权威调查工作，可有效提高运输统计的权威性

目前，我国的运输统计基本上采用"周期性专项调查+日常波动系数推算"的模式开展，专项调查年份通过开展周期性专项调查确定运输量等核心统计指标的基础，非专项调查年份采用波动系数推算。从欧美国家的情况来看，周期性的专项调查是交通运输统计工作的重要组成部分，也是运输统计数据的主要来源之一。

但是从欧美发达国家的经验来看，运输统计调查作为一项专业调查，有必要在国家层面寻求可靠、持续开展的综合统计权威平台开展工作。美国著名的商品流调查（CFS）依托全国经济普查工作开展，全国家庭出行调查依托人口普查工

作开展，加拿大的居民出行调查工作则依托月度劳动力调查工作开展。借助这种国家层面定期开展的工作平台，以"搭便车"的形式①将运输调查"嵌入"到国家综合权威统计调查工作中，这种形式可以提高调查工作的权威性，也有助于多渠道解决专项调查工作经费。目前我国的公路运输统计调查则主要是依靠交通运输管理部门自己开展调查工作，在工作权威性、组织效率、经费保障等实际操作方面均存在较大困难。特别是周期性开展的运输量统计专项调查工作，所需要耗费的人力、物力巨大，调查成果对运输量日常统计也存在持续影响。因此，积极寻求国家统计局的支持，争取将货物运输专项调查跟经济普查、旅客运输专项调查跟人口普查等融合开展工作可大幅提高运输专项调查工作的组织效率。

四、综合运用不同调查统计技术，提高运输统计数据的采集效率

从调查技术来看，包括美国在内的发达国家运输量统计调查的技术和方法比较多样，往往会根据调查项目的数据需求和调查成本约束，综合采用不同的调查方法来采集数据。在常规日常统计报表报送的基础上，一些专项调查工作中国外常用的交通运输统计调查方法包括：邮件调查技术（如美国 CFS 调查）；电话访谈技术（如美国 NHTS 就采用了计算机辅助电话访谈技术）；行政业务记录提取转化（如美国的公路交通事故死亡分析报告系统，FARS 将警方交通事故报告信息按照规定的标准编码提取转化到系统中）；运输地理空间信息技术（如美国 CFS 中应用计算货物运输里程）等等。

从目前国内的交通运输统计调查工作开展来看，我们多数还是利用传统的报表报送的调查方式，尽管无论在日常统计还是在专项调查工作中，统计数据报送的信息化手段已经得到广泛应用，但是基于行政记录转化、地理空间信息技术应用等方面刚刚起步，还需要继续加强。在一些专项调查工作中，需要充分调动地方积极性，鼓励有条件和有意愿的省份选择试用新的调查技术，以便为全国范围内创新应用提供基础。

五、逐步完善统计内容和统计指标，强化综合运输统计

发达国家的交通运输统计不仅注重运输生产实物量的统计，包括运量、周转量、运输里程等，同时也会关注运输货物价值、运输货物种类及流向、居民出行成本等价值量。相比较而言，目前国内的交通运输统计更多的工作精力投入在对运输生产量的统计上，运输统计的核心还是运量量四大指标，运输货类、运输货

---

① 杨铭，秦华容. 欧美公路运输统计调查发展趋势及经验借鉴［J］. 统计与决策，2012（4）：64-67.

物价值基本上还没有形成体系化的统计。随着宏观经济和交通运输行业发展逐步进入新的发展阶段，反映交通运输与国民经济关联的统计内容和指标将会显得越来越重要。而且，随着大数据技术的发展和数据价值的逐步发掘，不同数据使用者对交通运输统计需求将更加多元化。交通运输统计也需要根据最新的形势要求，结合交通运输转型发展、交通强国建设等最新进展和决策需求，不断完善统计内容和统计指标，为行业实现可持续发展提供更加坚实的数据基础。

此外，国外美国等发达国家开展运输统计，多数统计直接指向运输服务的服务对象货物或者人，追踪运输服务对象全过程的流动信息，这种方式统计出来的信息可以涵盖每次行程的全方式。而我们国内的交通运输统计首先指向的是不同运输方式，按照不同方式进行统计。不仅人为地将人的出行按照道路、铁路、民航等不同方式进行拆分，甚至在道路运输内部还把公路运输与城市道路运输进行了切分。因此，我国现有的运输统计只能反映各种运输方式各自的发展状况，无法反映综合运输全貌，这也是现行运输统计工作亟待破解的重难点问题。

第五篇

探索篇

第十九章　区域道路货物运输量统计

第一节　区域运输量的基本概念

一、基本概念

我国现行统计的公路水路运输量又被称为工具运输量，统计范围为营业性运输车辆船舶。在分地区统计时，一般按照运输工具所有权或经营权进行统计，即按照车船所有权/经营权属于谁，就由谁来统计。一般情况下，公路运输量按照所有权统计，水路运输量多按照经营权统计。

区域运输量是相对于工具运输量的一种运输量统计方式和指标，以运输过程发生的区域为划分标准，一般以省域为研究范围时，区域运输量包括出省、入省和省内货运量。出省货运量是指起点在省内、终点在省外的运量；入省运量是指起点省外、终点在省内的运量；省内运量是指起终点均在省内的运量（见图19-1）。

根据上述定义，水路区域运输量可以理解为港口吞吐量，在统计实践中，可以通过海事进出港报告数据来全面统计获得水路区域运输量。公路客运行业区域运输量也是较为容易统计获得的，现有营业性班线客车的管理是按照线路经营范围路进行审批，线路经营范围分为县内班线、跨县班线、跨市班线及跨省班线，可以通过抽样调查或者客运站售票统计获得不同经营范围的班线客运量，然后转换为某一地区的本地区运量、到达运量及发出运量。而营业性客运行业中，旅游包车的管理目前较为规范，在跨省运输时必须办理包车牌，因此统计区域量时也较为容易实现。对于私人小客车的区域运输统计实际上与公路出行量的统计是一

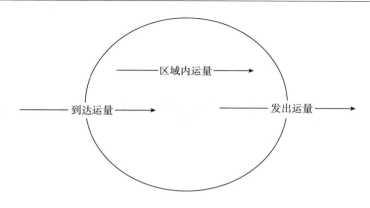

图 19-1 区域运输量示意图

致的，这部分内容将在第二十一章进行讨论。所以，本章将主要围绕道路货运的区域运输量统计方法开展讨论。

与区域运量相对的还有区域周转量，一般是指在区域内的路网、航道上承载的运量与距离的乘积之和，与运输方向无关，这与道路车辆的行驶量有更多的相似之处。所以，区域周转量和区域运量并不是口径对等的概念，不宜通过传统工具运输量统计的周转量与运量相除的类似平均运距方式计算。并且在实际统计工作中，区域周转量较少使用，因此本章不讨论区域周转量指标，仅指区域运量。

二、道路货运区域运输量与现有统计运输量的关系

从统计口径上看，区域运输量与工具运输量是相互交叉的关系，区域运输量包括了本地货车在本地完成的量、外地营运车辆在本地完成的量。工具运输量包括本地车在本地以及在外地完成的运输量。两者公共部分为本地车在本地完成的量。考虑到目前交通运输部发布的工具运输量的统计口径是指营业性车辆完成的，即在交通运输管理部门办理了道路运输证的车辆，因此实际统计的工具运输量是指本地注册营运货车完成的运量，这种运量可能发生在本地，也可能发生在外地（见图 19-2）。

区域运输量与工具运输量之间实际上存在着较大的差异，并且这种差异有逐渐扩大的趋势。

首先，公路运输在长途运输中的作用更加明显，随着我国公路网的逐步完善和经济社会结构的转型升级，地区间经济联系越发紧密，而公路运输门到门的便捷性以及市场化充分竞争的价格取得了明显优势，公路在长途中的作用越来越明

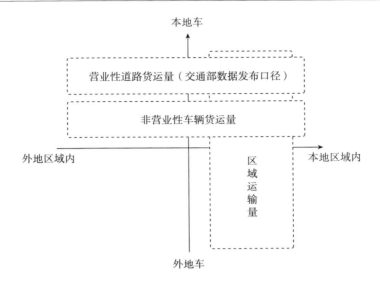

图 19-2　区域运输量与工具运输量的关系

显。根据 2008 年专项调查结果，中长途车辆运输量占比为 36.2%，而 2015 年结果显示，这一比例得到了提升，达到 41.3%。这也使得区域运输量和工具运输量统计的交叉重叠部分在逐渐缩小。

其次，非营业性运输也在日益增多。由于交通运输部的官方统计口径为办理了道路运输证、从事经营性活动的货运车辆才纳入统计，而随着"放管服"的逐步放开，货车的管理也发生变化，自 2019 年 1 月 1 日起，各地交通运输管理部门不再为总重量 4.5 吨及以下普通货运车辆配发道路运输证。因此，现有官方运输量统计口径中也不再包含这部分车辆，但是从区域运输量统计口径来看，这部分运输量统计应该包含。

第二节　区域运输量统计的必要性

运输量是反映交通运输生产成果的综合性、基础性指标，也是反映经济社会发展的晴雨表。而工具运输量的统计无法完全满足现有管理决策的需要，需要区域运输量统计指标作为补充。其统计的必要性主要表现在以下三个方面：

一是制定和实施科学合理的发展规划的需要。交通运输主管部门在制定行业发展规划时需要详细掌握和了解规划范围的运输需求，进而制定合理规划和安排建设项目促进运输需求和运输供给有效平衡，保证运输系统实现良性可持续发展。而区域运输量更能客观反映区域内运输情况，与区域内的交通基础设施的运用范围更一致，更适用于交通运输主管部门对行业的规划与管理。

二是客观反映地区经济社会发展水平的需要。交通运输是反映经济社会发展的晴雨表，运输量对支撑研判宏观经济形势研判也具有重要作用。由于大量货车船舶长期异地经营的现象存在，以及非营业性货车的日益增长，工具运输量难以完全真实反映地区的运输需求情况，也较难反映出区域货运的活跃程度，区域运输量指标则能较好弥补这一缺陷。

三是合理跟踪和科学评估运输结构调整政策目标的需要。推进运输结构调整是打赢蓝天保卫战、打好污染防治攻坚战、推动碳达峰、碳中和战略实施的重要支撑，是发展绿色交通的关键举措。国家及各地区的运输结构调整行动计划中均涉及公路与铁路之间的运输量转移，但铁路部门统计的货运量实际为区域发送量，与现有公路工具运输量统计口径并不匹配，直接用传统基于工具统计的公路运输量数据难以真实反映出运输结构调整的情况。

第三节　公路货运区域运输量的统计方法

公路区域货运量的统计主要有两种方法：一是通过调查直接采集；二是通过数据推算获取。

一、基于车辆或者业务调查的方法

1. 基于公路 OD 调查

公路 OD 调查，即传统的交通起止点调查，一般由公路管理部门组织开展，主要调查方法是在省域或市域范围内布设 OD 调查点，通过路边拦车等方式询问经过车辆的起讫点、运输量等信息，再通过交通量数据进行扩样，进而推算获得各交通小区之间的交通量和运输量。

2. 基于车辆的运输信息调查

基于车辆的运输信息调查与基于公路 OD 调查有较多相似之处，都是以车辆为调查对象，询问车辆运输的起讫点。不同之处是，公路 OD 调查并没有车辆抽样框，而是选择便利样本，并利用交通量进行扩样计算。而基于车辆的调查则是提前取得车辆库为抽样框，从中抽取一定的车辆作为样本，来调查样本车辆一段时间内的运输信息，再利用总体车辆数量进行扩样。这类调查的主要目标是工具运输量，但由于调查时获取了样本车辆在调查期内的所有趟次起讫点信息和运输量信息，因此也可以推算出地区之间流动的运输量。需要强调的是，由于区域运输内运输的车辆范围是不确定的，可能有本地车也可能有外地车，所以基于一个省或者一个市的车辆库开展调查是无法准确获得区域运输量的，只有开展全国性的车辆调查才能覆盖到目标区域运输车辆。

交通运输部于 2008 年、2013 年和 2015 年开展了三次全国性的道路货物运输量专项调查。由于是全国统一方案、同一时间开展调查，因此依托这三次调查不仅摸清了全国及各地区的工具运输量底数，而且还推算获得了全国各地区之间的货物流量流向。但这类全国调查只是针对营业性货运车辆开展调查，受限于交通部门掌握的车辆库数据，非营业性货运车辆的区域运输仍无法掌握。

3. 面向需求方的货运调查

面向需求方的货运调查的调查对象是区域内的企业和个体经营户，也可面向居民住户。一般以地理区域、经营业户的行业类型等进行分层，采用抽样调查的方式，调查其对货物的需求量、运输时间、频次、运输方式、货物来源地或目的地等信息，进而推算获得该地区的货物发送和到达量。

美国的 CFS（商品流动调查）采用的就是基于货物需求方的调查方式，通过抽样调查全国范围内的发货人来掌握全国各区域之间的货物流动情况，其推算结果包括了各区域之间分货类、分运输方式的货运量。

基于需求方的调查方式在国内也开展过一些实践，北京市交通委分别于 2010 年和 2016 年开展了两次货运需求调查工作。通过这两次调查基本摸清了北京市进出五环/六环区域内的货物运入运出情况。

二、基于业务记录的推算方法

随着行政业务数据源越来越丰富，基于业务记录数据的区域运输量推算方法也逐渐成为热点，相比于传统的调查，其数据的可获得性更高，数据采集频率也较高，因此这方面的研究也越来越多。

1. 基于高速数据、车辆轨迹数据和治超数据的推算

目前国内针对区域运输量的推算有不同方法，由于高速公路 2019 年之前通过计重方式进行收费，因此高速公路运输量的计算较为成熟。2020 年高速公路

改为按车型收费，但开始实施入口称重治超措施，因此货车的重量信息得以保留，并在高速公路运输量统计中得到持续广泛应用。

基于此，目前有较多的区域运输量统计方法是基于高速公路收费数据进行推算，主要思路是利用高速收费数据计算高速通行货车的运输量总量，然后再通过其他数据源估算出高速公路与其他公路之间的运输比例关系，进而推算目标区域的运输量。其中，较为典型的推算方法是融合利用高速公路收费数据、重载车辆监控平台的卫星定位轨迹数据以及治超站采集的轴载数据，通过计算货车流量、载货量与运距等参数，获取区域道路货物运输量指标。

其中，重载车辆卫星定位轨迹数据来自全国道路货运车辆公共监管与服务平台，根据《道路运输车辆动态监督管理办法》（中华人民共和国交通运输部、中华人民共和国公安部、国家安全生产监督管理总局令〔2014〕第 5 号）的要求，进入运输市场的重型载货汽车（总质量 12 吨以上）和半挂牵引车，应全部安装、使用卫星定位装置，并接入道路货运车辆公共平台。目前平台已汇集了超过 600 万辆的货车实时卫星定位数据。

治超轴载数据主要分布于普通国省道，通过设备监测对来往车辆进行监测，可获得货运车辆的车牌号、车货总重、轴数、车辆图像等信息，这些指标为计算普通公路运输量提供了较好的基础。

基于轨迹数据和治超数据的算法具体步骤如下：

（1）根据区域运输量的特点进行业务分层。可根据区域内的地域情况划分为 n 个区域，每个区域中包含若干个地市，n 个区域两两相连共分为 n^2 个 OD 矩阵，每个 OD 内又根据车辆吨位分为大型、中型、小型等多个货车类型。

（2）通过车辆轨迹数据识别趟次。利用货运监管平台中拥有的货运车辆行车轨迹信息，根据车辆行驶轨迹数据分析车辆行驶特征，并以一定时间阈值和空间阈值作为测算依据，识别每一辆货车行驶的趟次数。

（3）测算高速/非高速趟次比。根据路网数据与车辆行驶轨迹数据的匹配关系，分析每一辆货车每一趟次的行驶规律，判断各趟次是否进入高速，从而获得每辆货车的高速/非高速行驶趟次比。根据货车所在分层，获取每一层货车的高速/非高速行驶趟次比（见图 19-3）。

（4）根据趟次比，测算运行车辆总趟次数。通过高速公路全网数据，得到行驶在高速公路上的真实车辆趟次数，根据高速/非高速行驶趟次比，测算行驶在高速公路上的车辆趟次数。

（5）测算货运量。对于在高速公路上行驶的趟次，通过高速公路收费数据中的车货总重减去该车型车货自重，得到载货重量；对于未在高速公路行驶的趟次，通过观测记录的断面载重数据，获得普通公路中各类车型的平均载货量。

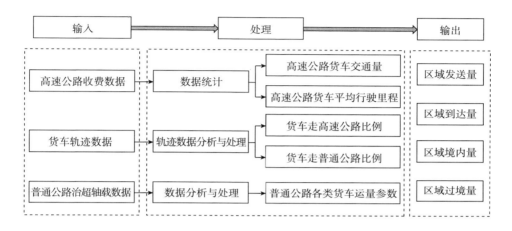

图 19-3　计算原理图

最后，通过汇总不同方向的货运量和货物周转量获得不同口径的区域货物运输量。

这一方法的数据结果较为准确，数据可靠性较高，统计成果较为丰富，可分流向分车型统计区域货运量，还可通过本模型结合运政车辆库进一步测算和校核出工具运输量。但由于需要每月处理海量的卫星定位数据和高速收费数据，对服务器硬件能力、存储空间、技术人员配备等均要求较高。

2. 基于车牌识别数据的推算方法

基于车牌识别数据也是较为可行的方法之一，通过获得路网上各卡口的视频摄像头拍照获得的车辆牌照信息，结合一定的算法就可以获得区域间的交通量OD矩阵，而通过汇总各交通小区之间的交通量，就可以得到研究区域范围的总到达量、发送量以及内部交流量，再结合其他调查中获取的车辆平均载货信息、车辆满载率等指标，进而推算出区域运输量。

3. 基于交通量的方法进行推算

还有一些算法是融合利用交通量调查数据来推算区域货运量。其基本思想仍是依托高速收费数据获得高速上的全量运输量，然后再根据其他数据源获得高速与普通公路之间的运输比例关系。具体推算方法如下：首先，依托高速公路货车收费的全样本数据和空车质量，准确统计高速公路运输量。其次，按照技术登记将公路网划分为高速、一级、二级、三级、四级和等外公路六个层次，然后基于公路交通量调查统计系统和等效里程换算模型，选取不同路网货车日均断面交通量和等效里程作为类比指标。所谓类比指标其实就是高速和其他道路上承担的区域周转量的比值。类比指标是通过日均断面交通量/与等效里程的比值来进行计算的。最后，根据高速公路周转量，利用类比指标，推算得到区域路网货物周转量，再利用平均运距来反推获得货运量。

这种方法很难区分出区域的到达量与发送量，并且平均运距很难获得较为准确的数值，但平均运距的取值又对货运量推算十分关键，因此这种方法实用性有待验证。

4. 其他方法

除了上述方法外，还有部分省份在区域运输量的计算中尝试了一些简化的方法，如利用一些样本调查中获得的车辆在高速公路和普通公路上的运输量比值作为固定参数，再利用高速运输量来推算出整体区域的运输量。由于参数为固定数值，不会每月动态变化，因此模型计算结果可靠性一般。

第二十章　基于船舶报港的 新水运统计探索

　　水运统计是关于水路运输生产经营活动的统计，核心是采用科学的调查、整理和分析方法来统计水运经济运行相关数据，量化水运生产活动关系，揭示水运发展规律，支撑行业规划、宏观管理和科学决策。随着物联网、云计算、移动互联网、大数据等现代信息技术与行业管理的深度融合，交通运输行业产生海量大数据，特别是水运行业，围绕船舶基本情况、运输生产、空间位置等每日高频产生海量、精准的数据信息。例如，东海海区借助船舶自动识别系统获取的船舶位置、航速等数据每天超过 5500 万条。如何科学地利用好这些大数据，推动交通运输统计与行业管理深度融合、促进统一，成为新时期我们不得不思考的问题。

　　当前，交通运输行业处于转型升级、提质增效的关键时期，正迈入开启交通强国建设的新时代，突破传统、在新起点上探索创新必然成为新时期的"主旋律"。交通运输统计，特别是水运统计，必须顺应时代要求，积极运用大数据等现代信息技术，创新统计理念、统计方法、统计内容，积极通过行政记录信息的结构化、标准化，变革统计生产流程，最大限度地减轻统计人员负担和提高统计生产效率，构建适应时代新发展、响应改革新要求、具备工作新成效的新水运统计，为推动交通运输高质量发展和交通强国建设开展统计改革新实践。

第一节　新水运统计的业务制度保障

　　新水运统计的本质是运用大数据技术处理行政监管记录信息形成统计数据的方法，基础是行政监管记录大数据，保障是业务管理中执行的各类规章制度。从保障制度来看，总体经历了两个阶段：一是船舶进出港签证审批制度执行阶段；

二是船舶进出港报告制度执行阶段。

一、船舶进出港签证审批制度

从 1984 年起，我国开始实施船舶进出港审批制，要求船舶进出我国港口需向当地海事管理部门提交进出港申请，获得批准后方可实施进出港活动。由于我国国内水路运输①不对外国企业开放，也不允许外国企业以租用中国籍船舶或者舱位等方式变相经营国内水路运输，因此船舶进出港审批制的法律法规又分为《国际航行船舶进出口岸检查办法》和针对国内航行船舶进出港审批的《中华人民共和国船舶签证管理规则》。按照规定，国际航行船舶进出我国港口时，需进行口岸检查；国内航行船舶进出港口时，需进行进出港签证审批。无论是国际航行还是国内航行，都需提交相应的审批材料，海事管理机构按照相应的审批条件，执行相应的审批制度，船舶经过审批才能合法地从事进出港活动。

在具体执行上，船舶签证业务的办理也经历了手工签证、CS 系统签证、BS 系统签证三个阶段。第一阶段是手工签证阶段。签证业务开展初期，船舶签证审批工作由海事工作人员手工完成。海事管理部门接收船舶方或其代理人现场手工填写并提交的签证申请单，通过审阅船舶方提供的申请书和各种证书以及船舶签证簿进行签证审批工作，手工记录审批工作台账，并将审批信息记录在船舶签证簿上。第二阶段是 CS 版船舶进出港管理阶段。2003 年起实现了电子签证，签证站点可通过信息系统调阅船舶基础资料，记录电子签证信息，并实现直属局内的签证信息查询，但船方仍需持有纸质签证簿，记录审批信息实现跨直属局的审批信息传递。第三阶段是 BS 版船舶进出港管理系统阶段。2010 年正式推广使用，实现了海事机构之间信息的互联互通，促进审批业务办理更加规范、方便快捷。后又推广了电子签证系统，实现了船方通过互联网或手机 App 提交电子签证申请，并接收审批结果。

二、船舶进出港报告制度

党的十八届三中全会通过的《中共中央关于全面深化改革若干重大问题的决定》提出，"加快转变政府职能，全面正确履行政府职能，进一步简政放权，深化行政审批制度改革"。顺应国家改革要求，2014 年 6 月交通运输部提出船舶监督管理模式改革方案，建议逐步取消国内航行船舶进出港签证审批，代之以船舶

---

① 按照《国内水路运输管理条例》第二条第二款，国内水路运输是指始发港、挂靠港和目的港均在中华人民共和国管辖的通航水域内的经营性旅客运输和货物运输。

进出港报告制度。

2016年11月，交通运输部海事局发布《交通运输部海事局关于实施国内航行海船进出港报告制度有关事项的通知》（海船舶〔2016〕619号），宣布取消国内航行海船进出港签证的办理，对中国籍国内航行海船在我国管辖水域内航行实施船舶进出港报告制度，并配套出台《国内航行海船进出港报告办理指南》（以下简称指南）。2017年3月，进出港报告制度扩大至航行于长江、珠江、黑龙江、京杭运河的四级以上高等级航道的内河船舶和进入内河航行的海船，需按照《内河航行船舶进出港报告办理指南》的要求办理船舶进出港报告。航行其他水域的内河船舶可根据各省级海事管理机构制定的规则办理进出港报告。

按照指南规定，船舶首次办理船舶进出港报告前，应当登录海事船舶进出港报告服务网进行在线注册，注册时需提交船名、识别号、联系人、船舶营运证等相关信息；校验无误后由系统生成船舶进出港报告账号和身份认证方式。然后，在船舶进出港或在港内移泊等均需报告船舶进出港信息，报告时间应该在之前至少4小时；可通过进出港报告服务网或App客户端办理；进出港报告包括船舶航次动态信息、在船人员信息、客货载运信息等；报告系统接到提交的报告后会反馈收妥回执及安全提示信息。

第二节　新水运统计数据采集与技术处理

新水运统计的数据基础是海量的行政记录信息，需处理的基础数据近2亿条，平均每月1600万余条。面对如此庞大的数据量，除理顺数据流程、规范数据存储、确保数据足量汇集外，还需突破传统人工审核难以胜任的局限，创新采用新的基础数据统计审核、处理方法，通过建立水上交通流和客货流调查基础数据的管理模型、数据审核模型和数据清洗规则，将"以人处理和审核数据为主"的传统统计数据处理模式转变为"以机器处理，人、机共同审核"的新型统计处理模式，实现海量业务数据向统计数据的转化。

一、基础数据类别

新水运统计以水上交通情况、货物流量流向为主要内容，基础数据总体分为三类：

一是船舶流量动态观测数据，包括船舶通过观测断面的时间、通过船舶的类型、通过船舶的尺度、通过船舶的航向等信息。

二是船舶过闸登记工作记录，包括过闸船舶信息（船名、船舶类型、船舶尺度等）、过闸船舶载货信息（货量、货类等）和过闸信息（时间、航向等）。

三是船舶进出港签证和口岸查验工作记录，包括进出港船舶信息（船名、船舶类型、船舶尺度等）、进出港船舶管理信息（船旗国、船籍港、船舶经营人等）、进出港船舶载货信息（载货量、装卸货量、货类等）、船舶进出港信息（时间、停泊地等）。

二、调查组织与数据采集

根据相关工作制度，水上交通情况中的船舶流量数据采集采用全面调查与抽样调查相结合的方法进行，利用动态观测和船舶过闸登记工作记录来获取船舶通过重点观测断面的第一手调查资料，记录通过断面的船舶尺度分类及船舶种类分类信息、航向信息和通过时间等。对于没有条件实现水上船舶流量全面调查的重要断面采用抽样调查的方法，通过每月人工实态观测 1~3 天掌握断面船舶流量情况，并在现场或事后将观测到的信息利用指定的船舶流量采集软件录入数据系统中；对于有条件实现水上船舶流量全面调查的船闸断面，通过船舶过闸登记记录获得全面调查记录。

水上货物流量数据的采集由海事执法人员完成，即海事执法人员在进行船舶进出港行政审批（包括国际航行船舶进出口岸查验和国内航行船舶进出港签证审批）时，采集船舶方提交的船舶进出港信息及计划在港装卸货物信息，并利用海事业务信息系统录入相关数据。具体来讲就是通过直属海事管理区域内船舶进出港管理工作，获得沿海、长江干线以及珠江水系船舶进出港全面调查记录并利用江苏省域内船闸过闸登记，补充调查长江江苏段大部分高等级航道支流的水上货物流量情况。船舶流量数据以数据文件形式逐级上报，如图 20-1 所示，为 2007~2010 年水上交通情况数据信息组织体系示意图。

水上货物流量数据的存储传输方式与海事业务系统的部署紧密相关。

（1）2007~2010 年。海事业务系统采用"单机版业务系统 + 三级数据库系统"的部署结构，货物流量调查数据经单机版海事业务系统（部署在海事执法人员办公地），利用数据上传功能，传输到分支局业务系统的数据库中，并进而利用数据库同步传输到直属局业务系统和部局业务系统中，部局相关人员提取数据并以数据文件的形式上报给水上交通情况数据接收人员。

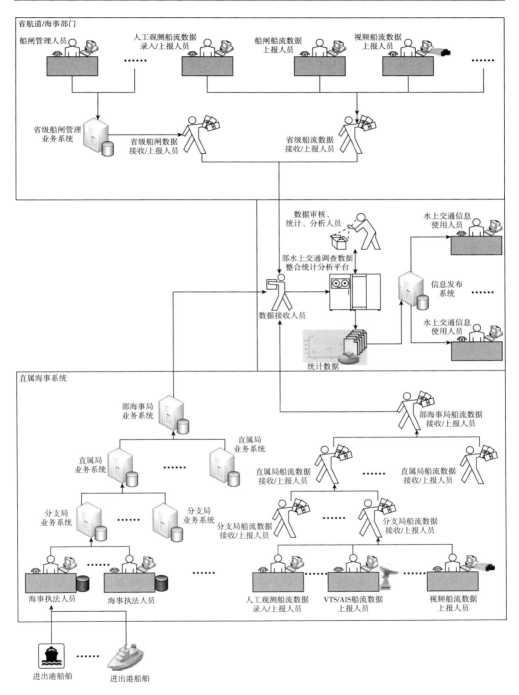

图 20-1　2007~2010 年水上交通情况数据信息组织体系

公路水路运输量统计调查理论与实践创新

（2）2010~2016 年。海事业务系统升级为"B/S 版业务系统+两级数据库系统"的部署结构，如图 20-2 所示，货物流量调查数据经海事执法人员录入，存储在直属局业务系统的数据库中，并从直属局业务系统经数据库同步至部局业务系统的数据库中，然后再由相关人员提取上报。

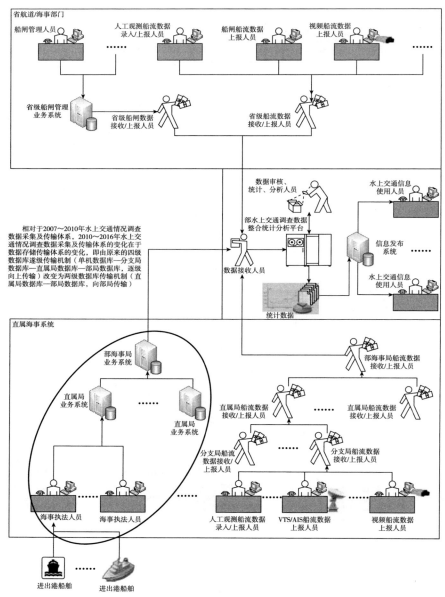

图 20-2　2010~2016 年水上交通情况数据信息组织体系

（3）2017 年以后。由于船舶监管模式改革，海事业务系统正在进行重大调整，为此水上交通情况数据信息组织体系也将随之变化。

三、基础数据的存储管理

海量数据统计管理应该以有效的数据组织架构为基础，提供方便的数据管理，支持高效的数据运算。统计工作具有明显的"系统性"和"周期性"。"系统性"表现在每一个统计制度的统计内容均相对独立地反映一个业务领域。"周期性"表现在每一个统计制度规定的数据采集周期基本是唯一且固定的。这就决定了海量数据使用具有"系统性"和"周期性"，即海量数据的使用一般以统计周期为线索，整体调用一个业务类在相应统计期内的所有数据。

为了减少数据库索引运算，有效提高系统运行效率，需将海量数据按"业务类别"和"统计周期"组织存储。即将不同统计期、不同业务类别的数据分别存放在不同的数据库对象中。针对水上交通不同"业务类别"数据需要进行不同的数据处理，又进一步将不同统计期、不同业务类别、不同统计处理过程的数据分别存储在不同的数据库中，以数据库集群存储海量数据，显著提高软件系统的数据处理速度。

四、海量业务数据审核

新水运统计中的货物流量流向统计是以船舶进出港管理业务和船舶过闸管理业务为调查采样基础，对业务信息进行处理形成采样数据，采样环节多，采样人员非专门的统计调查人员，采样系统非针对采样设计，因此影响统计数据质量的因素较多，处理复杂。新水运统计的水上交通情况统计中，船舶流量信息有人工实态观测方法和船舶过闸登记两种方法，动态观测中影响船舶流量准确性的因素主要是人工责任心，以及对过往船舶分类和船舶尺度准确判断的能力；船舶过闸登记影响船舶流量准确性的因素主要是登记时记录的船舶分类与船舶尺度的准确性。因此，为确保新水运统计质量，需要对海量基础数据进行充分审核。数据审核包括数据完整性审核、数据逻辑审核和数据合理性审核，它们是行政记录信息转化为统计数据的关键环节。

1. 数据完整性审核

目的是核实统计数据采集的完整性，即审查核实是否所有统计范围内应该上报数据的统计单位均已上报数据，是否每个统计单位应该上报的数据均已齐全。

以往的统计数据完整性审核由统计员手工完成（审核流程见图 20-3）。其工作特点是"审核对象相对固定"。因为统计上报数据多为综合汇总数据，因此上报数据的单位相对固定，每个单位上报的数据项目也相对固定。

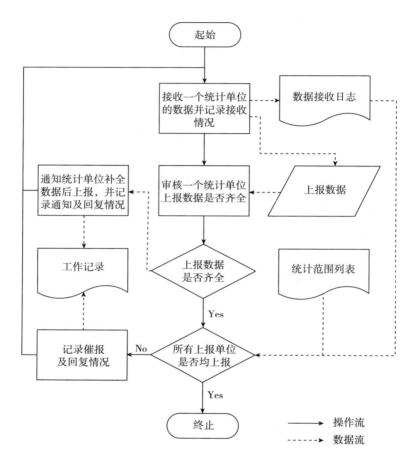

图 20-3　传统报表制度中数据到位审核流程图

新水运统计的数据基础是行政管理记录信息，虽然上报单位是固定的，但是上报的数据量不固定，随统计期业务量的变化而变化。因此，在数据完整性审核中，不仅要审核上报单位是否按要求上报了数据，而且要对该单位的上报数据量进行合理性审核。鉴于"业务量变化具有渐进、小幅波动的变化特征"，需采用环比和同期比的方法进行上报数据量合理性审核，对于业务量发生突变的数据均必须跟踪了解产生的原因。

2. 数据逻辑审核

数据逻辑审核的目的是核实采集的统计基础数据之间逻辑关系正确性，即审查核实基础数据之间的运算关系、大小比较关系等是否正确，数据是否超出相应的值域范围，数据呈现的业务逻辑是否正确。

数据逻辑审核与数据采集及上报息息相关。以往统计数据采集与统计数据逻辑审核集成在一个统计软件中，或在数据录入的同时实现审核，或在制作上报数据之前完成审核。审核包括表内数据逻辑审核和表间数据逻辑审核。

来源于业务系统的海事签证数据或船舶报港数据逻辑审核问题较传统的统计数据逻辑审核问题复杂。因为影响海量业务数据质量的因素较多，包括数据采集系统对数据的录入控制，上报控制、上报审查机制、数据审核方法等，因此海量业务数据逻辑审核问题应在各个环节上进行。

海量统计数据逻辑审核包括单笔业务数据逻辑审核和业务间数据逻辑审核。单笔业务数据逻辑审核包括单数据元素审核（如海事业务应用代码应在其相应代码表中等）和多数据元素联合审核（如船舶长度数据应该大于船舶型宽数据等）。对于单笔业务数据审核，一方面，要求由相关业务系统管理软件完成（如部直属海事船舶动态管理系统应该保证分货类货物装卸量之和等于总装卸量等），以便从数据源头控制数据质量；另一方面，作为直接接收其他软件采集的数据的统计系统，对任何可能会影响后期统计结果的数据指标均应进行逻辑审核。业务间数据逻辑审核只能在统计系统中进行，用以审核在不同业务间相关数据逻辑关系（如同一条船在不同签证数据中信息一致性检查）。

海量统计数据逻辑审核模型的关键是根据统计数据指标的语义分析其数据要求，研究数据采集、数据上报控制流程，分析数据可能出现的质量问题，编制逻辑审核规则。

根据审核要求，海事业务数据逻辑性审核需应用9类59条审核规则，包括39条单笔业务数据逻辑审核（26条单数据元素审核和13条多数据元素联合审核）和20条业务间数据逻辑审核。

3. 数据合理性审核

数据合理性审核的目的是依据业务及其变化规律核实统计数据反映的业务特性、变化及其变化幅度的合理性。

数据合理性审核方法及审核的目标与数据的统计目标息息相关。以往统计中数据的合理性审核根据统计员的经验对统计数据进行比较分析，有疑问时与上报数据的人员进行核实确认。

来源于业务系统的海量统计数据的合理性审核可以采取的方法与数据的统计目标和统计时效的要求息息相关，数据量的庞大使得我们不可能有足够的时间追查每个数据的合理性。因此，海量统计数据的合理性审查必须有针对性地进行。

根据业务特点，新水运统计需制定按照统计数据级别自上而下的数据合理性审核方法，即首先针对综合统计指标数据进行环比和同期比合理性审核。如果综合指标数据合理，那么则认为推算综合指标的基础指标数据合理，不再深入审核；如果发现综合指标的数据有疑问，那么必须深入审核推算该指标的基础数据，并调研影响相应指标的客观原因，寻找合理性解释。

五、数据清洗

数据清洗的目的是对审核中发现的数据问题进行更正。传统统计工作中，当统计员发现疑似错误数据时，首先与上报单位取得联系，对数据进行核实，确认后对数据进行修改。在海量统计数据处理中，如果对疑似错误数据逐一进行核实、修改，那么将难以保证统计的时效性。特别在系统建设起步阶段，数据错误量大的情况下，采用上述人工逐一核实修改数据几乎是不可能的。因此，必须找出一种行之有效的数据清洗方法。根据海量统计数据处理最终是要实现统计指标数据正确合理的目标，海量统计数据的清洗必须且只能围绕最终的统计指标数据的正确性进行。因此，海量统计数据的清洗是以保证最终统计汇总数据正确合理为目的尽可能地更正审核中发现的问题数据。

根据数据错误类型，清洗方法可分为两类：一是基于大量数据分析规则的自动清洗。在分析考察数据录入人员工作流程、数据采集流程、数据采集软件功能、数据传递流程等多个环节的基础上，归纳总结错误数据产生的原因、产生的规律和现象，编制数据自动清洗规则模型。二是基于经验的手工清洗。为了兼顾数据清洗质量和效率，又将手工清洗进一步分解为批量手工清洗和手工逐一清洗两部分。

以直属海事动态签证数据清洗为例，要想保证数据质量，需编制 18 类 163 万条清洗规则，对 116.34 万条业务数据进行清洗，其中 2017 年每月手工逐一清洗处理数据 300 条左右。

第三节　水上通道客货统计模型设计

水上客货运输统计内容主要包括客货的流量流向、水运周转量和指定航道或航段的客货承载量。为此，必须掌握每一单货物的装货港、卸货港和运输货物船舶的实际航线。在海事签证或船舶报港业务数据中，对于没有中途挂港的航次运输，可以直接获取船舶运输货物的装货港和卸货港信息，对于有中途挂港进行货物装卸的航次运输，则必须回溯一系列海事航次动态数据确定货物的装货港。另外，来自海事和船闸的业务数据均为节点信息，如船舶的起点港和终点港，缺乏每航次船舶所经过的航道信息。因此，必须借助海事签证或查验中的其他信息和签证单位及船闸地理位置信息，确定每航次所途经的航道。本书中以重庆以下长江干线为对象开展模型和抽取方法研究作为示例。

一、水上通道客货统计基础信息模型设计

针对水上通道客货统计需求，在充分分析海事、船闸业务数据和可获取的海事、船闸、航道等相关地理信息数据的基础上，进行信息模型设计。

水上通道客货统计信息模型设计需处理好三个关键环节（见图20-4）：一是信息归集；二是对象抽象化；三是建立关联关系。在信息归集方面，新水运统计的基础数据可以以货物为核心归纳为三方面信息：第一是货物自身信息，如运输货物类别、重量等；第二是运输货物的船舶信息，如船名、船舶类型、船长等；第三是货物在指定统计水运通道上的装卸地点信息和货物途经的其他航道或水域与指定统计通道的关系信息，如货物装卸点所在行政区划、距航道起始点的里程、支流的名称和其他航道与指定统计水运通道航道交汇点距指定航道起点的里程等。

对象抽象方面，应用面向对象的分析方法，将水上客货运输抽象为五个相对独立的对象类，分别是客货流信息、船舶基本信息、装卸货物信息、装卸集装箱信息、装卸滚装车信息类。同时，为了解决信息统一表述和信息系统建设，建立了四个代码对象类，它们分别是支流代码、沿岸货物装卸地代码、货物航段代码和行政区划代码类，辅助上述五个对象类的描述。

关系建立方面，需建立11个对象类之间的关联关系。

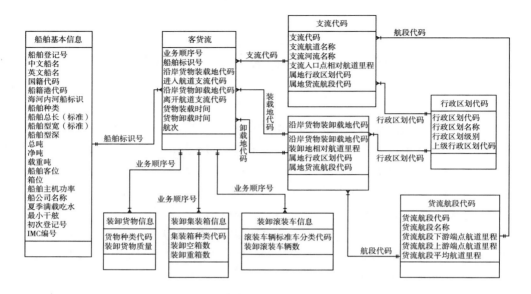

图 20-4 水上通道客货统计信息模型

上述 9 个对象类的具体信息构成如下：

一是客货流数据对象类由客货流数据组成，每条客货流数据对应同一船舶、同一航次、在指定航道上的运输起点和终点的客货运输信息。其中包括在指定航道上客货运输的起点、终点，装载和卸载时间等信息。

二是船舶信息数据对象类由船舶基本信息数据组成，每条船舶基本信息数据对应一条船舶，其中包括船舶名称、船舶尺度、船舶种类、船舶载重吨等信息。

三是装卸货物信息对象类由装卸的货物信息组成。每条装卸货物信息数据对应每一个客货流的一种货物信息，其中包括货物种类代码、货物重量等信息。

四是装卸集装箱信息对象类由集装箱信息组成。每条装卸集装箱信息数据对每一个货物流的一种集装箱信息，其中应包括货物种类代码、空箱和重箱数信息等。

五是装卸滚装车信息对象类由滚装车信息组成。每条装卸滚装车信息数据对每一个客货流的一种滚装车信息，其中包括装卸滚装车辆数信息等。

六是沿岸货物装卸地代码对象类，由指定航道运装卸地点代码数据组成。每个代码数据对应一个指定航道的装卸位置信息，其中包括装卸地点的代码、货物装卸地距在指定航道起点里程、行政区划代码等信息。

七是货流航段代码对象类由货流航段代码数据组成。每个代码数据对应一个指定航道的航段，其中包括航段代码、航段名称、航段起点和终点距航道起点的里程等。

八是支流代码对象类由支流代码数据组成。每个代码数据对应一个与指定航道相关的支流或其他水域，其中包括支流或其他水域的代码、支流航道或其他水域名称、支流或其他水域与指定航道交汇点距指定航道起点里程等信息。

九是行政区划代码对象类由行政区划代码数据组成。每个代码数据对应一个行政区划信息，具体包括行政区划代码、行政区划名称、行政区划级别和上级行政区划代码。

利用船舶标识号建立客货流数据对象类与船舶基本信息数据对象类间的关联关系；利用业务顺序号建立客货流数据对象类与装卸货物信息、装卸集装箱信息和装卸滚装车信息对象类间的关联关系；代码对象类利用相应代码建立对象类之间的关联关系。

二、长江通道客货统计基础数据抽取步骤

长江通道客货统计的基础数据来源有两方面：一是直属海事系统的签证/查验业务数据，包括在长江干线重庆以下航道沿岸码头、黄浦江闵行电厂以下航道沿岸码头、沿海码头进出的船舶在直属海事部门登记的签证/查验业务数据；二是江苏省航道局下属的船闸管理部门记录的船舶过闸登记业务数据。

长江通道客货流可由"上游到干""上游到支""上游到海""干到上游""干到干""干到支""干到海""支到上游""支到干""支到支""支到海""海到上游""海到干"和"海到支"十四个部分组成。其中"上游到干""上游到海""干到干""干到海""支到干""支到海"和"海到干"七个部分的客货运输信息均可以从海事到港业务数据中获取。部分"干到支""海到支"和"支干支"数据可以来自长江支流的船闸数据，而"上游到支""干到上游""支到上游"和"海到上游"由于数据采集的问题不能获取。因此，长江通道统计指标计算必须同时抽取海事业务和船闸业务两方面数据形成上述水上通道客货统计基础数据（见图20-5）。

从海事业务和船闸业务数据生成水上通道客货统计基础数据需要分步实施：

一是应用海事业务抽取方法和船闸业务数据抽取方法，从海事签证（或查验）数据和船闸登记数据生成"客货流量流向"数据，即船舶客货装卸地点和客货运输量信息数据。例如：船舶a在湖北汉江内A码头装载1000吨货物，经长江先后在南京港B码头和上海港黄浦江内C码头分别卸载500吨货。这一运输

过程对应 4 条海事签证业务记录。这一步数据处理工作就是利用表 20-1 的业务
信息推算生成表 20-2 的客货流量数据。

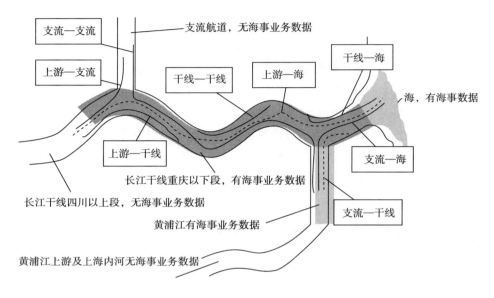

图 20-5　长江通道客货流流向分类

表 20-1　示例业务记录主要信息

进出港标志	船舶名称	上一签证机构	本签证机构	运输货量（吨）	装卸货量（吨）
出港	a		湖北地方海事	1000	1000（装）
进港	a	湖北地方海事	南京海事局	1000	500（卸）
出港	a	南京海事局	南京海事局	500	0（装）
进港	a	南京海事局	上海海事局	500	500（卸）

表 20-2　客货流量流向数据

船舶名称	装货地点	卸货地点	货量（吨）
a	湖北地方海事	南京海事局	500
a	湖北地方海事	上海海事局	500

　　船舶 a 载运 1000 吨货物，分别通过京杭运河扬州施桥船闸和镇江谏壁船闸。
这一运输过程对应着船闸两条船闸登记数据。第一步数据处理工作就是利用
表 20-3 的业务信息推算生成表 20-4 的客货流量流向数据。

表 20-3　示例业务记录主要信息

船闸名称	船舶名称	航行方向	始发港	目的港	运输货量（吨）
扬州施桥	A	进江	徐州	湖州	1000
镇江谏壁	A	出江	徐州	湖州	1000

表 20-4　客货流量流向数据

船舶名称	装货地点	卸货地点	货量（吨）
a	徐州	湖州	1000

　　二是利用航行路线模型将"客货流量流向"定位到"指定航道"上。在例 1 中有两条客货流量流向数据，指定航道为长江时，将第一条客货流数据定位到长江航道的含义是：将从汉江支流运输到南京港的 500 吨货视为借助船舶 a 从汉江与长江的交汇点途经长江运输到南京港；将第二条客货流定位到长江航道的含义是：将从汉江支流运输到黄浦江支流的 500 吨货视为借助船舶 a 从汉江与长江的交汇点途经长江运输到黄浦江与长江的交汇处。

　　长江通道客货统计基础数据抽取流程如图 20-6 所示。

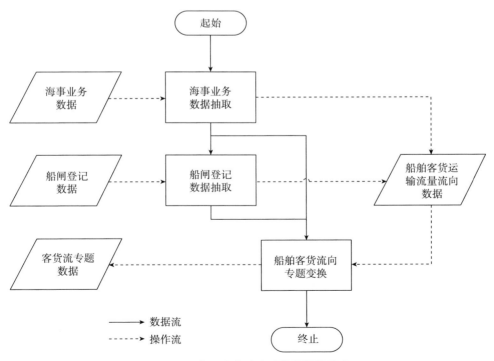

图 20-6　水上客货流专题数据抽取流程

三、海事业务数据抽取方法

根据海事业务规则，无论船舶进出港是否进行货物装卸，均应向当地海事机构申办签证或查验。船舶一个航次在港口的活动和对应海事业务数据可有以下六种情况：

1. 空船装货出港

出港海事业务数据：船名，签证时间，出港实载量＝W，装载货量＝W，本签证（查验）港。

2. 载货船舶进港补充油水或避风等非装卸货物活动

进港海事业务数据：船名，签证时间，进港实载量＝W，卸载货量＝0，上一签证港，本签证（查验）港。

出港海事业务数据：船名，签证时间，出港实载量＝W，装载货量＝0，本签证（查验）港。

3. 载货船舶中途进港卸货

进港海事业务数据：船名，签证时间，进港实载量＝W，卸载货量＝D（W＞D），上一签证港，本签证（查验）港。

出港海事业务数据：船名，签证时间，出港实载量＝W−D，装载货量＝0，本签证（查验）港。

4. 载货船舶中途进港装货

进港海事业务数据：船名，签证时间，进港实载量＝W，卸载货量＝0，上一签证（查验）港，本签证（查验）港。

出港海事业务数据：船名，签证时间，出港实载量＝W+D，装载货量＝D，本签证（查验）港。

5. 载货船舶中途进港装卸货

进港海事业务数据：船名，签证时间，进港实载量＝W，卸载货量＝D，上一签证港，本签证（查验）港。

出港海事业务数据：船名，签证时间，出港实载量＝W−D+Q，装载货量＝Q，本签证（查验）港。

6. 载货船舶在最终目的港卸货

进港海事业务数据：船名，签证时间，进港实载量＝W，卸载货量＝W，上一签证港，本签证（查验）港。

由此可见，当船舶在一个航次中没有中途靠港时，可以从载货船舶目的港的海事签证（查验）业务数据中直接抽取到第六章第一节中提出的客货流量流向数据。当船舶在一个航次中有中途靠港时，由于载货船舶目的港的海事签证（查验）业务数据中只有上一签证（查验）港信息，缺乏客货的装货港信息，导致客货流数据的抽取需要船舶一个航次中全部海事签证业务信息的支持。

在分析船舶航次装卸业务的基础上，结合海事业务数据信息特点，研究提出海事业务数据抽取方法：

（1）以船舶和时间为线索，构建统计期内船舶海事签证（或查验）业务流程。

（2）对构建的海事业务流程数据进行航次划分。划分依据是：空船装货出港为一个航次的起始，载货船舶进港完全卸载为一个航次的终结。

（3）根据船舶航次货物装卸特点，对航次进行分类：一是可完全抽取航次，即借助航次所有海事业务签证（查验）数据，可抽取客货流数据的航次；二是不可完全抽取航次，即借助航次所有海事业务签证（查验）数据，无法完全抽取客货流数据的航次。

只有当载货船舶具有在中途靠港装货，并且在中途装货港之后的其他中途港具有卸货行为时，由于依据海事业务数据无法准确判断所卸载货物的装货港，本航次成为不可完全抽取航次。

（4）利用每一可完全抽取航次的海事业务数据，分析可抽取航次的每个货物装卸行为，抽取客货流数据。

（5）针对不可完全抽取航次中货物装卸活动，对航次内船舶的装卸活动依据是否能借助航次内所有海事业务签证（查验）数据确定客货流数据进行分类：一是可确定客货流向的船舶装卸活动，即从航次起始直至船舶在中途港装货又在后继的中途港卸货之前的货物装卸活动；二是不可确定客货流向的船舶装卸活动，即从船舶在中途港装货又在后继的中途港卸货之后的货物装卸活动。分析航次内可确定客货流向的船舶装卸活动之前的装卸行为，抽取客货流数据，并鉴于航次中不可确定客货流向的货物装卸活动的随机性，按"就近原则"对不可确定客货流向的货物装卸活动的进行客货流数据抽取的近似处理，生成客货流数据。

所谓"就近原则"就是在一个航次中，当中途卸货发生在中途装货之后，并且卸货港与装货港不同时，则假设中途所卸货物的装货港是卸货港的上一签证（查验）港。

例如，一艘千吨级杂货船，装载 500 吨货从长沙港出发，到武汉港又装货

400 吨，到南京卸载 300 吨货，到上海港完全卸载 600 吨。根据上述"就近原则"处理的结果是：假设在南京所卸载的 300 吨货全部是在武汉装载。

通过对 2007 年交通部《水上交通流情况调查工作》中与长江相关的部直属海事业务数据进行船舶在港活动分析，不可确定客货流向的船舶装卸活动涉及的总装卸货量所占比重不到 0.1%；集装箱不可确定客货流向的船舶装卸活动涉及的装卸货量占集装箱总装卸量的比重在 0.5% 左右，其余货类不可确定客货流向的船舶装卸活动涉及的装卸货量所占比重均小于 0.2%。总体判断认为，不可确定客货流向的货物装卸活动所占比重非常小，对不可确定客货流向的船舶装卸活动进行的客货流数据抽取的近似处理不会对统计数据的误差造成大的影响，造成的误差从统计角度是可接受的。因此这种近似处理是可行的。

四、新水运统计实践

新水运统计是充分利用海事船舶监管记录信息，包括船舶名称、吨级、尺寸、国籍、船籍港等静态信息以及船舶货物流量流向等动态信息，运用大数据技术进行清洗、处理和挖掘，形成区域水运量等主要指标的统计。新水运统计重在理念、方法、内容上进行创新实践。在统计理念上，有别于传统统计，新水运统计着力于与业务管理相融合，基础数据直接来自行政记录信息，数据质量受到行政业务的保障并直接促进行政效能的提升。在统计方法上，新水运统计运用的是全面超级汇总的方法，替代传统的抽样调查或层层汇总上报，既降低了统计人员的工作负担和开展专项调查费用，也有效降低了数据的人为干扰和系统误差。在统计内容上，新水运统计填补了空白，全面覆盖了进出我国港口的中国籍船舶和外国籍船舶，同时具有极为丰富的统计机构，对于运输结构调整、海进江运输等热点主题能够实现有效的统计监测。

基于海量行政记录信息汇集、处理、挖掘形成的新水运统计，按统计内容划分，可以分为水上船舶流量统计和水上货物流量统计；按水域划分，可分为长江干线统计、西江干线统计等。根据决策需要，可形成高频的月度统计，具体实践成果如下：

1. 内河主要航道水上船舶流量统计月报

反映长江、西江、京杭运河等重点观测断面船舶交通流的统计数据，包括长江干线航道、长江主要支流航道、西江航运干线及主要支流航道、京杭运河及主要支流航道日均船舶流量，日均分时段及日均分船种自然船舶流量和标准船舶流量，日均分尺度自然船舶流量。

2. 长江干线航道水上货物流量统计月报

反映利用长江干线进行货物运输的统计数据，包括长江干线通道货物承载量主要统计指标（即利用长江干线运输的货物总量及其货物分类构成、运输船舶分类构成、分流向构成等）；安庆以下沿江港口江海直达货物运输构成情况（按船舶载重吨分）；沿江港口内河运输构成情况（按船舶吨级分）；长江干线分航段货物通过量；长江干线分航段危险货物通过量；长江干线货物流量流向；主要支流进入长江干线通道货运量；长江干线主要省份船舶活动情况。

3. 西江干线水上货物流量统计月报

反映利用西江航运干线思贤滘以上航段进行货物运输的统计数据，包括西江航运干线通道货物承载量主要统计指标（即利用西江航运干线思贤滘以上航段运输的货物总量及其货物分类构成、运输船舶分类构成、分流向构成等）；沿西江航运干线港口江海直达货物运输构成情况（按船舶吨级分）；沿西江航运干线港口内河货物运输构成情况（按船舶吨级分）；西江航运干线分航段货物通过量；西江航运干线分航段危险货物通过量；西江航运干线货物流量流向。

水上交通情况调查获得的第一手资料和统计成果不仅用于支撑航道、港口建设规划，水上交通安全规划，交通运输经济运行分析，还广泛应用于港口统计、水路运输量统计、交通运输能耗统计等统计数据的审核及航道建设后评估等。

第二十一章　基于手机信令数据的全社会公路旅客出行量推算

近年来，我国客运出行需求旺盛，出行方式发生巨大变化：以私家车为代表的非营业性公路旅客出行规模持续扩大，以班线客运和旅游包车为主的营业性公路客运量持续降低。传统对外发布的公路客运量统计以营业性客运为基础，存在统计口径覆盖范围不全等问题，难以全面反映当前公路出行实际情况，能为行业发展提供的科学数据有限。

手机信令数据是手机终端通过主动或被动、定期或不定期的方式与移动通信网络保持联系时产生的数据。手机信令数据具有样本量大、覆盖面广等特点，能在中、宏观尺度客观反映人的时空变化规律。利用手机信令数据特点来研究"手机信令—出行量"的统计关系，能有效弥补传统行业数据覆盖不全等问题，从而测算出覆盖营业性和非营业性的全社会公路旅客出行量，对完善公路出行量统计方法，提高公路出行量统计准确性、全面性具有重要的现实意义。

第一节　手机信令数据的采集与处理

一、手机信令适用性评估

使用手机信令数据进行交通运输出行量统计，具有以下优势：

一是颗粒度适中。手机信令数据定位精度与移动通信基站覆盖范围相关，在人口密集的城区可达 250 米，在人口稀少的郊区一般为 2~3 千米，在中、宏观尺度下能有效表现旅客的出行规律。

二是客观性强。手机信令数据伴随着用户使用手机而产生，不受用户主观意愿干扰，能客观反映用户所在位置信息，可视为简单随机抽样。

三是样本量大。截至 2020 年 6 月底，三家基础电信企业的移动电话用户总数达 15.95 亿。海量的移动电话用户群体，能有效反映全社会旅客出行规律。

四是覆盖面广。手机信令数据反映用户的客观位置时空变化，既包括公、铁、水、航各种交通运输方式，又包括营业性和非营业性出行，且数据源统一，不同交通方式的数据可比性更强。

五是综合效益高。手机信令数据构建了"人—出行"的统计桥梁，能有效反映出行机理。与传统的出行问卷调查相比，使用手机信令数据进行出行统计有耗时更短、无须外业调查、可随时更新，综合效益更高等优点。

二、手机信令可得性评估

我国手机信令数据由基础电信企业进行运营管理，当前中国移动、中国联通、中国电信提供的数据服务模式包括数据定制处理服务和数据开放共享服务。数据定制处理服务是指运营商按照客户需求进行数据加密处理，向客户提供处理后的数据，以日和城市为单位对外提供，在进行单指标、低维度、小时间尺度分析时具有价格优势；数据开放共享服务是指运营商对数据进行脱敏处理后，向用户限时开放数据使用权限，用户可以将算法部署于运营商服务器中，自主进行算法设计、数据处理、成果输出，以月和城市为单位获取结果，在进行多指标、多维度、大时间尺度分析时具有研究的深度和广度优势。

三、手机信令数据预处理

在使用手机信令数据进行计算前，需要对数据进行预处理。

预处理主要包括两个方面：一是对手机信令数据进行质量评估，防止因存储、传输等原因导致的数据总量缺失影响出行量测算精准度。二是对数据进行清洗，对缺失、重复、潜在定位错误、产生"乒乓切换"现象的数据进行清洗。手机信令数据质量评估主要通过对手机信令数据按日、按城市统计手机识别号 MSID，结合统计局发布的城市常住人口数、运营商在该城市的市场占有率，评估手机信令数据量是否合理。

手机信令数据清洗是按照一定的清洗规则，对可能影响后续数据分析准确性的数据进行删除、修复等处理。其中具体的清洗原则如下：

1. 缺失数据过滤

将手机识别号 MSID、时间戳 TimeStamp 和蜂窝小区标号 CellID 定义为三个关键字段，对信令数据表进行轮巡，三个关键字段值至少有一个为空的记录都视为缺失数据，直接删除此类记录。

2. 重复数据过滤

将手机识别号 MSID、时间戳 TimeStamp 和蜂窝小区标号 CellID 这三个关键字段都相同的记录定义为重复数据，保留一条记录，直接删除其他的重复数据。

3. 失败数据过滤

手机信令数据中事件类型 EventID 字段记录了信令数据的类型，其中存在失败类型数据，在这种情况下，手机所定的位置并不一定反映用户的真实位置，需将其删除。

4. "乒乓数据"清洗

在两个或者多个基站小区的交界处，信号往往会被多个基站覆盖，并且不同基站信号的强度差距并不明显，使得手机在两个或多个基站之间来回切换，实际上手机用户并没有移动。这种现象称为"乒乓切换"现象，由此产生的数据称为"乒乓数据"。"乒乓切换"现象导致出现大量失真且冗余的数据，通过设计识别与过滤算法，将其进行过滤。

第二节　基于手机信令的公路出行量测算方法

一、用户位置识别

基于移动通信网络有多种定位技术，其中应用广泛、成本较低、精度较高的主要有基于蜂窝小区标号 Cell-ID 定位技术、基于 Cell-ID 和 TA 定位技术、基于 AOA 定位技术、基于 TOA 定位技术。基于 Cell-ID 定位技术起源于蜂窝小区（Cell of Origin，COO），要求每个小区都有一个特定的识别号（Cell-ID）。当移动终端进入小区时，移动终端要在当前小区注册，然后系统会自动记录小区的 ID 标识数据，并通过小区识别号的位置信息来确定移动终端的位置。该技术精度取决于蜂窝小区的半径大小，从几百米到几十千米不等。农村小区覆盖范围很大，定位精度相对较低；城市小区覆盖范围小，精度为几百米量级。

基于 Cell-ID 的定位技术无须手机终端提供任何信息，也无须对网络改造，只需在网络侧加装定位流程处理即可。与其他技术相比，基于 Cell-ID 的定位技术精度相对较低，投资也较低，目前这种技术在移动网络中已经广泛应用。为提高工作开展的可能性，全社会出行量出行初定为跨区县出行，对定位精度要求不高，且由于分析范围为全国，数据量较大，为了减少计算难度，建议使用基于蜂窝小区标号 Cell-ID 定位技术，将信令数据中的移动通信基站信息转换成经纬度信息，从而实现用户位置识别，形成具有时空信息的用户出行数据。

二、旅客出行判断

在测算出行量之前，需要对出行用户进行界定。完成一次"手机出行"的条件为出行距离超过一定的阈值，因重点考虑的是区域出行，暂不考虑城区内出行，因此当手机用户的出行距离超过设定的距离阈值后，即可判断为一次旅客出行。具体的思路是：对每一个手机识别号 MSID 的定位数据按时间排序，即可生成每一位用户的定位轨迹。再根据阈值，截断出旅客某一段时间出行的多个驻留点。在用户定位轨迹中，用户会在某些地点驻留较长时间，如工作单位、家、购物商场、学校等，此类点即视为驻留点（见图 21-1）。驻留点可以分为两种类型：

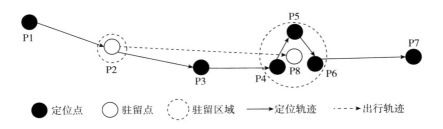

图 21-1　用户定位轨迹图

（1）驻留点是旅客定位轨迹中某一个点。旅客在某一点内长时间没产生位置移动，且在该点停留的时间超过设定的驻留时间阈值，则将该点定为驻留点，如图 21-1 所示中的 P2 点。

（2）驻留点是旅客定位轨迹中某几个点的几何中心。如果某两个相邻定位点之间距离较小、移动时间较短（如图 21-1 所示中的 P4→P5、P5→P6），则可认为用户在这个区域内小范围移动，或者是由于定位误差产生的类似用户位置移动效果，此类定位点形成区域称为驻留区域，用户在该驻留区域停留的时间超过设定的驻留时间阈值，则将该区域的几何中心点定为驻留点，如图 21-1 所示中的 P8。

相邻两个驻留点之间的距离超过设定的驻留距离阈值 δ（取 δ = 500 米，考虑公路出行的距离下限为 500 米）时，则将这两个驻留点定义为出行的起点、终点，两次驻留之间的出行即为一次旅客出行。识别驻留点的算法描述如下：

步骤一：对于经过预处理后用户数为 N 的数据，按照用户识别码进行排序。得到按照用户排序的每组用户产生的信令数据 D^i（$i = 1，2，\cdots，N$）。提取出用户 i 一天内所有数据 D^i_j（$j = 1，2，\cdots，N$），数据量为 m^i_j，并且按照时间升序排列。

步骤二：顺序选取相邻两条数据 $D^i_{j,k}$、$D^i_{j,k+1}$（$k = 1，2，\cdots，m^i_j$），计算其时间差 $t^i_{j,k}$ 和距离 $d^i_{j,k}$，若 $t^i_{j,k} < \tau$ 且 $d^i_{j,k} < \delta$，则将两条数据 $D^i_{j,k}$ 和 $D^i_{j,k+1}$ 合并；若 $t^i_{j,k} > \tau$ 且 $d^i_{j,k} > \delta$，则保留两条数据 $D^i_{j,k}$、$D^i_{j,k+1}$；若 $t^i_{j,k} > \tau$ 且 $d^i_{j,k} < \delta$，则保留两条数据 $D^i_{j,k}$、$D^i_{j,k+1}$；若 $t^i_{j,k} < \tau$ 且 $d^i_{j,k} > \delta$，则进入步骤三。

步骤三：计算用户从 $D^i_{j,k}$ 到 $D^i_{j,k+1}$ 的速度 $v^i_{j,k} > v_{max}$（v_{max} 取值 800km/h，参考民航最大速度），则删除数据 $D^i_{j,k+1}$；若 $v^i_{j,k} < v_{max}$，则保留两条数据 $D^i_{j,k}$、$D^i_{j,k+1}$。

三、出行方式判别

考虑研究目标为公路旅客出行量，因此需构建旅客出行方式的判别方法来区分铁路、公路、水路、民航等出行方式，剔除非公路出行。通过对不同出行方式的特性进行归纳分析（见表 21-1），结合手机信令的特点，形成基于手机信令的旅客出行方式判别方法。

表 21-1　大交通出行特性分析

出行方式	同向移动规模	同向移动速度	移动特点	信令特征
铁路	≥100	60~350km/h	线性连续	无
公路	无规律	50~150km/h	不明显	无
水路	不定	30km/h	大区域水上移动	无
民航	无	600~800km/h 及以上	大区域点到点	开/关机

具体旅客出行方式判别原则如下：

（1）铁路。存在百人以上同向同线形移动，平均速度超过 60km/h，最高速度不超过 350km/h。

（2）公路。不存在百人以上同向同线形移动，一般情况下速度小于150km/h。

（3）水路。水域上移动，平均速度小于30km/h。

（4）民航。信令数据中存在开机、关机事件信令，且开关机时位置发生大区域移动，一般速度超过600km/h。

四、多层数据扩样

手机信令数据直观反映手机的位置信息，需要通过多层数据扩样，才能反映全社会旅客出行信息，维度包括从手机到手机用户的扩样、从单一运营商到全体运营商的扩样、从手机用户到全社会的扩样。

从手机到手机用户的扩样是对我国手机现状进行分析研究，在数据处理时排除一人拥有多部手机、无人使用的手机产生的数据干扰。从单一运营商到全体运营商的扩样是根据每个城市运营商的市场占有率、用户覆盖率、手机识别率等数据，从单一运营商扩样至全体运营商。从手机用户到全社会的扩样是针对无手机用户（如部分老人与小孩等）的扩样，此部分人群的出行无法通过手机信令数据直接反映，而是根据城市常住人口、年龄结构、出行调查等信息，扩样补全此部分人群出行量。